I0839869

Preface

Le Service du Renseignement Extérieur (SVR), en Russie, s'apparente à des organismes tels que l'Agence centrale du renseignement (CIA) aux États-Unis, le service du renseignement extérieur du Royaume-Uni (MI6), ou encore la Direction générale de la sécurité extérieure (DGSE) en France. GRU est un organe de renseignement militaire extérieur, lui aussi similaire à ce qui existe dans la plupart des pays de l'OTAN comme la DRM en France.

Le Service fédéral de sécurité (FSB), chargé quant à lui de la sécurité intérieure et de la contre-ingérence, est plus agressif que le Bureau fédéral de recherche (FBI) aux États Unis, le Bureau fédéral pour la protection de la Constitution (BfV) en Allemagne ou l'Agence de renseignement et de sécurité intérieure (AISI) en Italie.

Les services russes de sécurité et de renseignement opèrent dans un contexte politique très différent de ceux des pays occidentaux, ce qui leur confère des particularités fondamentales. Il est clair que le président russe, Vladimir Poutine, qui a été officier du Comité d'État à la sécurité (KGB) sous l'Union soviétique puis directeur du FSB, voit dans les «tchékistes» certains de ses plus proches alliés et de ses instruments les plus efficaces.

Poutine a travaillé au KGB, il a été stationné notamment en Allemagne de l'Est, a été directeur du FSB pendant un peu plus d'une année. C'est donc un peu son monde, le monde qu'il connaît, le monde en qui il a confiance, et ce n'est pas négligeable dans un pays qui est finalement nouveau, qui a dû créer de nouvelles élites, et qui reste quand même un pays où la corruption et la criminalité – sont encore très fortes. Poutine est donc obligé de s'appuyer sur des éléments connus.

Ainsi, en 2015, lors de la journée des personnels des services de sécurité, il a qualifié ces derniers de *«personnes fortes et courageuses»*, de *«véritables professionnels qui protègent avec fiabilité la souveraineté et l'intégrité nationale de la Russie et la vie de ses citoyens»*.

Les services de renseignement croient, comme M. Poutine, que la Russie est confrontée à une menace réelle émanant de l'Occident, d'une nature existentielle sur les plans politique et culturel plus que sur le plan géographique. Dans ce contexte, les services de sécurité estiment qu'ils sont déjà en guerre, et mènent leurs activités en conséquence.

Les services occidentaux du temps de paix ont, à juste titre, une aversion pour le risque, car ils connaissent bien les dangers – politiques ou autres – que des actions malavisées peuvent engendrer. Leurs homologues russes sont beaucoup plus aventureux, sachant que, pour un officier voulant faire carrière, il est plus dommageable d'avoir une réputation de frilosité que de susciter la réprobation de la communauté internationale.

Les "Services"

Bref Histoire

Héritiers d'organismes nés au cours de la Seconde Guerre mondiale, les services de renseignement et de sécurité français sont marqués dès l'origine par les conflits, ceux entre les nations et ceux entre les hommes. Fin juin 1940, alors qu'une partie de la France est occupée par l'armée allemande, une structure clandestine de renseignement est mise sur pied au sein de l'armée française d'armistice, avec l'aval du ministre de la Défense nationale, le général Weygand.

Deux ans plus tard, le 28 juillet 1942 à Londres, naît le BCRA (Bureau central de renseignement et d'action), successeur du 2e bureau de la France libre. Jean Moulin, qui a été parachuté en métropole, début janvier, va bénéficier de son aide dans la mission d'unification de la Résistance que lui a confiée de Gaulle. Ce dernier, devenu président du Comité national français (CNF), sorte de gouvernement en exil à Londres, a chargé le BCRA de coordonner son action politico-militaire auprès des personnalités politiques de la résistance, hostiles à ce qu'un chef militaire soit aussi un dirigeant politique.

Au cours de la Seconde Guerre mondiale, le BCRA et les services de renseignement et de sécurité militaires ont permis au général De Gaulle d'occuper pleinement sa place auprès des Alliés, en leur fournissant une grande quantité de renseignements et en participant à leurs côtés aux actions clandestines en Europe et en Extrême-Orient. Surtout, le BCRA lui permit d'organiser la résistance intérieure et de préparer sa prise de pouvoir en France.

A l'issue de la Deuxième Guerre mondiale, l'organisation des services dont la France dispose encore aujourd'hui se met en place, même si les structures changeront régulièrement de nom. Le Service de documentation extérieure et de contre-espionnage (SDECE) et la Direction de la Surveillance du territoire (DST) sont créés en 1946, respectivement chargés du renseignement extérieur et de la contre-ingérence.

Durant la Guerre froide, le SDECE a rapidement cessé d'opérer derrière le Rideau de fer pour se concentrer sur les conflits de la décolonisation dans lesquels la France fut engagée (Indochine, Algérie) où il obtint de nombreux succès. Puis il s'est transformé en service de défense du pré-carré africain, afin de maintenir les ex-colonies devenues indépendantes dans le giron de la République. Cet objectif fut parfaitement atteint. Le SDECE – puis de la DGSE – est devenu l'un des services occidentaux les plus performants sur ce continent.

Le SDECE participe activement à tous les conflits de la décolonisation, conduisant de nombreuses opérations de renseignement et d'action en Afrique et en Extrême-Orient. En revanche, ses performances sont plus limitées en Europe de l'Est, face à l'ennemi soviétique, car il ne peut y consacrer qu'une faible partie de ses moyens.

Au cours des années 1970, en Angola, le service français apporta son soutien à Jonas Savimbi, le dirigeant de l'UNITA, mouvement de guérilla qui luttait contre le régime communiste au pouvoir dans son pays. Il organisa, au Maroc, des camps d'entraînement pour les combattants de la résistance angolaise, avec des instructeurs marocains.

Ainsi, la France a pu conserver une influence notable en Afrique et des alliés indéfectibles lors des votes à l'ONU, ce qui lui permis de prolonger son statut de puissance mondiale et de garder son siège de représentant permanent au Conseil de sécurité des Nations unies. De plus, le soutien apporté par le SDECE à la société Elf a permis à notre pays de sécuriser une partie de son approvisionnement énergétique. Ce service a ainsi pleinement joué son rôle au profit de la défense des intérêts nationaux.

Parallèlement, le SDECE a très efficacement œuvré afin d'aider les scientifiques du Commissariat à l'énergie atomique (CEA) à développer nos armes nucléaires, ainsi que l'état-major des armées à obtenir les coordonnées précises des cibles civiles et militaires en URSS au profit de notre force de frappe. Il a joué également un rôle non négligeable dans le développement de notre industrie d'armement, par « l'acquisition » de hautes technologies à l'étranger.

En 1979, le SDECE annonça avant qu'elles aient lieu la chute du Shah d'Iran et de l'invasion soviétique en Afghanistan (décembre 1979). Pendant le conflit, son service Action entraîna des combattants du commandant Massoud en France, lui livra des armements et du matériel de communication et détacha divers conseillers auprès de ses troupes, dans la vallée du Panshir.

La DST s'impliqua également, au cours des années 1950, dans la lutte contre le FLN et, au cours des années 1960, contre l'Organisation armée secrète (OAS) refusant l'indépendance de l'Algérie. Puis, à partir de la fin des années 1970, elle s'adapta très efficacement à la lutte contre le terrorisme arabe, précédant, en ce domaine, les autres services occidentaux de plusieurs décennies.

La DST s'est honorablement comportée dans la lutte disproportionnée contre les services de l'Est. Certes, elle n'a probablement jamais démasqué la totalité des agents de Moscou en France, mais elle est parvenu à perturber significativement l'action du KGB et de ses alliés. Elle a réussi à traiter, en 1981 et 1982, à Moscou même, Vladimir Vetrov, officier supérieur du service de renseignement scientifique et technologique du KGB. Pendant plus d'un an, sous le nom de code de Farewell, il remet à ses traitants près de 3 000 documents d'une grande importance sur l'ampleur de l'espionnage communiste en Occident. Le contre-espionnage français communique son incroyable moisson aux services américains qui prennent conscience des développements de l'espionnage technologique soviétique sur leur propre sol.

A partir de 1991, la menace s'accroit encore, en raison de la situation en Algérie ou les Groupes islamiques armés (GIA) essaient de s'emparer du pouvoir et menacent directement la France. Puis, l'affaire du gang de

Roubaix (1996) est un événement révélateur de l'évolution de la menace, celle-ci n'étant plus liée aux terroristes du GIA algérien, mais à des immigrés et des Français de souche convertis à l'islam radical, formés en Bosnie ou en Afghanistan.

Depuis la fin de la Guerre froide, elle a aussi été amenée à neutraliser plusieurs opérations d'espionnage américaines en France, notamment celle qui en 1993, a conduit à l'expulsion de cinq membres de la CIA.

Depuis 1992, la DRM, grâce au développement de ces moyens de recueil techniques et humains a fait la preuve de son efficacité sur tous les théâtres d'opération où les forces françaises ont été engagées. La France a ainsi fourni la plus importante contribution européenne en matière de renseignement lors de l'opération *Allied Force* au Kosovo, en 1999.

Puis en 2003, à l'occasion de l'invasion de l'Irak par les Etats-Unis, Paris, a pu s'opposer aux arguments américains, parce que la DRM a pu fournir aux autorités gouvernementales des renseignements contredisant la version construite par Washington pour justifier son action. Depuis l'opération *Serval* (2013), la DRM est largement impliquée dans la surveillance du Sahel dans le cadre de la lutte contre les groupes terroristes qui y opérant.

Bien qu'ils aient bénéficié de moyens inférieurs à ceux de leurs alliés et de leurs adversaires, les services de renseignement français sont de bonne qualité et se sont révélés bien adaptés aux besoins du pays depuis 1945. La France dispose de capacités de renseignement et d'action très honorables, y compris par rapport aux Etats qui dépensent infiniment plus qu'elle en ces domaines. Elle reste l'un des rares pays du monde à surveiller l'évolution de toutes les zones de la planète.

En parallèle, à l'occasion de la première guerre du Golfe (1991), le corps expéditionnaire français se trouva totalement démuni en matière de renseignement opérationnel en comparaison des Américains. Les unités déployées ne disposaient que du satellite civil *Spot* pour surveiller le champ de bataille. Les leçons de cette expérience allaient être retenues. En 1992, l'état-major des armées crée la Direction du renseignement militaire (DRM). Elle sera régulièrement étoffée dans la décennie suivante, notamment suite aux interventions en Bosnie (1995) et au Kosovo (1999), développpant significativement ses capacités techniques d'acquisition du renseignement.

Grâce aux réformes entreprises à partir du début des années 1990, elle est aujourd'hui la seule des nations de l'Union européenne qui dispose d'une panoplie presque complète des moyens de renseignement techniques (stations d'écoutes, drones, satellites), donc d'une véritable indépendance en matière de renseignement. Cela lui permet de conserver sa totale autonomie d'appréciation des crises internationales et, lorsque cela s'avère nécessaire, d'apporter à ses partenaires d'autres éclairages que ceux fournis par Washington.

Après les attentats de New York et Washington (2001), de Madrid (2004) et de Londres (2005), la France va procéder à une réorganisation des ses services qui connaîtront un accroissement des leurs effectifs et de leurs moyens. En 2008, sous l'impulsion du président Sarkozy, la DST et une partie de la DCRG – Direction centrale des renseignements généraux, service en charge du renseignement intérieur – sont fusionnés pour donner naissance à la DCRI (Direction central du renseignement intérieur), qui sera renommée DGSI (Direction générale de la sécurité intérieure) en 2014.

Les actes terroristes de Toulouse (2012) et de Paris (2015) entraînent de nouveaux aménagements et surtout, un renforcement significatif des effectifs des services de renseignement.

La communauté

La France compte en 2018 six services de renseignement ainsi que plusieurs autres organismes contribuant à la collecte du renseignement. Les six organismes désignés comme services de renseignement sont :

Direction générale de la sécurité extérieure (DGSE).

Forte de plus de 6 000 femmes et hommes, la DGSE est le plus important des services français. Elle est chargée de rechercher à l'étranger, les renseignements intéressant la sécurité de la France, ainsi que de détecter et d'entraver les activités d'espionnage et de terrorisme contre les intérêts français. L'une des caractéristique de la DGSE est d'être un « service intégré », c'est-à-dire qu'elle est à elle seule une petite communauté du renseignement, cumulant les fonctions de recherche humaine, de recherche technique, d'analyse et d'action. Autant de métiers qui relèvent, le plus souvent, de services différents à l'étranger.

Direction du renseignement militaire (DRM)

Forte de 1 700 personnels, a pour mission de fournir en renseignements les forces armées en opération. Elle pilote et coordonne les moyens de renseignement des trois armées et est en charge du renseignement d'imagerie (satellites d'observation de la terre).

Direction du renseignement et de la sécurité de la Défense (DRSD) compte 1100 personnels. Elle est présente sur l'ensemble du territoire national et sur tous les théâtres où les forces françaises sont engagées. Ses missions sont le renseignement de sécurité, la protection des forces, des systèmes d'information et du patrimoine industriel et économique lié à la Défense.

Direction générale de la Sécurité intérieure (DGSI) regroupe 3600 personnels. Elle a pour compétence de lutter, sur le territoire français, contre toutes les activités susceptibles de constituer une atteinte aux intérêts fondamentaux de la nation : subversion, extrémisme violent, espionnage et terrorisme.

Direction nationale du renseignement et des enquêtes douanières (DNRED), (800 personnes) est chargée de la collecte du renseignement relatif aux trafics internationaux de toute nature (armes, drogue, contrebande).

Traitement du renseignement et action contre les circuits financiers clandestins (TRACFIN), est la cellule nationale de lutte contre le blanchiment des capitaux et le financement du terrorisme (100 personnes).

La DGSE, la DRM et la DPSD sont rattachées au ministère de la Défense, la DGSI au ministère de l'intérieur et la DNRED et TRACFIN au ministère de l'Economie et des Finances. Au total, la communauté française du renseignement compte près de 14 000 personnels. Suite aux renforcement décidés suite aux attentats de janvier 2015, elle en comptera près de 16 000 en 2018.

Aux six services renseignement, s'ajoutent plusieurs autres organismes contribuant à la collecte du renseignement de sécurité :

Service central du renseignement territorial (SCRT) – 2 000 personnels -, rattaché à la police nationale, est chargé de la surveillance des mouvements revendicatifs ou protestataires et de la contestation politique violente.

Direction du renseignement de la préfecture de Police (DRPP), regroupant 800 personnels, est chargée du renseignement antiterroriste et antisubversion à l'échelon de la région parisienne (12 millions d'habitants).

**Service d'information, de renseignement et d'analyse stratégique sur la

criminalité organisée (SIRASCO), créé en 2009, est chargé de surveiller toutes les organisations criminelles transnationales opérant sur le sol français. Il est également rattaché à la police nationale.

La Gendarmerie nationale participe aussi à l'action de renseignement à travers sa **Sous-direction de l'anticipation opérationnelle** (SDAO), qui est présente dans tous les départements français et son **Bureau de lutte antiterroriste** (BLAT).

Enfin, le ministère de la Justice dispose d'un **Bureau du renseignement pénitentiaire** (dénommé MI3), ne comptant que quelques dizaines de personnels, chargé de surveiller les détenus les plus dangereux, notamment les islamistes radicaux.

Les services spécialisés ou contribuant au renseignement sont pilotés ou coordonnés au travers de différentes structures.

Le **Conseil de Défense et de Sécurité nationale** (CDSN) présidé par le chef de l'Etat et réunissant le Premier ministre et les ministres de la Défense, de l'Intérieur, de l'Economie, du Budget et des Affaires étrangères est chargé, de définir les orientations et de fixer les priorités en matière d'opérations militaires, de renseignement, de sécurité intérieure ou de lutte contre le terrorisme.

Le **Secrétariat général de la Défense et de la Sécurité nationale** (SGDSN) est un organisme de coordination interministériel chargé de l'ensemble des dossiers intéressant la sécurité intérieure et extérieure du pays. Il assure le secrétariat du Conseil de défense et de sécurité nationale.

Le **Coordinateur national du renseignement** (CNR), placé sous la responsabilité du Président de la République est son conseiller en la matière. Il est chargé de définir les orientations stratégiques et les priorités du renseignement, de s'assurer que les services disposent des moyens nécessaires (personnels, budget), de coordonner leurs actions et de veiller à la bonne coopération des services.

L'Unité de coordination de lutte antiterroriste (UCLAT), rattachée au ministère de l'Intérieur, est chargée de coordonner la lutte antiterroriste entre tous les services de l'État.

L'Académie du renseignement est chargée de développer des programmes de formation interagences, grâce auquel les différents services apprennent à mieux se connaître afin de mieux travailler ensemble.

DGSE

La DGSE s'inscrit dans la continuité de l'action des services de renseignement extérieurs qui l'ont précédée. Ainsi, c'est en 1940, alors en exil à Londres, que le généralde Gaulle crée le service de renseignement de la France Libre qui deviendra, dès 1942, le Bureau Central de Renseignement et d'Action (BCRA), qui deviendra successivement la Direction Générale des Services Spéciaux (DGSS) puis la Direction Générale des Etudes et Recherches (DGER).

Dans le contexte de guerre froide, le Conseil des ministres du 28 décembre 1945 décide la dissolution de la DGER et son remplacement par le Service de Documentation Extérieure et de Contre-Espionnage (SDECE), placé sous le contrôle direct des services de la Présidence du Conseil. Passé sous tutelle du ministère de la Défense dans les années 60, le SDECE est dissout le 2 avril 1982 et remplacé par la Direction Générale de la Sécurité Extérieure (DGSE).

La DGSE présente plusieurs particularités.

Elle est tout à la fois :

- un service de renseignement extérieur, qui recherche à l'étranger des informations secrètes relatives aux enjeux géopolitiques et stratégiques ainsi qu'aux menaces et auxrisques susceptibles d'affecter la vie de la Nation (renseignement de crise, contreterrorisme, contre prolifération notamment). En communiquant aux autorités les éléments ainsi recueillis et analysés, elle participe à leur prise de décision. La DGSE est naturellement présente dans les zones de crise et là où les intérêts français sont en jeu.

Le secret des moyens employés et des objectifs poursuivis garantissent la sécurité de la DGSE et de ses agents.
- un service spécial, qui permet le maintien d'une présence, là où les canaux diplomatiques ne peuvent plus être utilisés.
  - un service intégré qui, à la différence de la plupart des services de renseignement occidentaux, maîtrise la totalité des modes de recueil de renseignement: sources humaines, capteurs techniques (interceptions électromagnétiques et imagerie satellitaire), moyens opérationnels et exploitation des sources ouvertes. La DGSE obtient également des renseignements par le biais de coopérations avec d'autres services, français et étrangers

Avec 6 500 agents et un budget annuel de 700 millions d'euros, la DGSE est le plus puissant des services français. Sa mission première est de détecter toute menace terroriste venue de l'étranger et de l'entraver avant qu'elle n'atteigne le sol français. D'où l'intense surveillance de toute activité jihadiste en Syrie, en Irak et en Libye.

Operations Clandestines

Tout juste nommé par François Hollande, en avril 2013, à la tête de la direction générale de la sécurité extérieure (DGSE), le diplomate Bernard Bajolet ne cachait pas son intention d'y imprimer sa marque. Quatre ans plus tard, il laisse, après l'avoir quittée le 20 mai 2017, une DGSE restructurée et assumant, comme rarement dans son histoire, le recours à la violence clandestine.

A deux reprises, en 2015 et en 2016, des équipes du service action de la DGSE et du commandement des opérations spéciales (dépendant du chef d'état-major des armées) se sont retrouvées, sans le savoir, au même moment en Syrie, sur le point d'attaquer les mêmes cibles de l'organisation Etat islamique. Interrompues à temps, ces missions furent l'occasion pour M. Bajolet d'obtenir, lors de conseils restreints, un arbitrage de M. Hollande en faveur du service action pour la zone syrienne.

Au cours de son mandat, M. Bajolet a donné son feu vert à un grand nombre d'opérations clandestines, notamment une dizaine d'éliminations confiées au service action.

Deux mois après la tragédie du Bataclan, le 14 Janvier 2016, lors d'un conseil national de défense à l'Élysée, François Hollande a donné son accord au lancement d'opérations clandestines en Libye. La France, qui soutient pourtant officiellement le gouvernement de Tripoli, a alors envoyé des agents de la DGSE auprès du général Khalifa Haftar, qui défie ledit gouvernement depuis Benghazi, dans l'est du pays.

En novembre de la même année, c'est sans doute grâce à un renseignement humain que Mokhtar Belmokhtar a été localisé près de Sebha, dans le Sud libyen. Aussitôt, l'aviation française a frappé. Et depuis, le chef jihadiste algérien ne donne plus signe de vie.

Pour libérer ses otages retenus en plein désert, il lui a bien fallu négocier avec Al-Qaïda au Maghreb islamique (Aqmi). Pourtant, en janvier 2013, c'est la DGSE qui a informé les gouvernements français et malien d'un regroupement suspect de véhicules jihadistes dans la région de Konna en vue d'une offensive sur Mopti et, peut-être, Bamako.

Un bond technologique

En prenant ses quartiers Boulevard Mortier, Bernard Émié hérite aussi d'un supercalculateur – la première capacité informatique d'Europe de l'Ouest. Au cours des dix dernières années, grâce à ses dictionnaires contenant des millions de mots de passe, le cybermonstre est parvenu à «casser» plusieurs centaines d'entre eux et à pirater les systèmes informatiques d'une dizaine d'États parmi lesquels l'Iran, l'Algérie et la Côte d'Ivoire au temps de Gbagbo.

Autre atout pour la DGSE, le réseau de satellites-espions qu'elle partage avec la Direction du renseignement militaire (DRM). En juillet 2010, la DGSE est parvenue à livrer à l'aviation française la maquette en 3D d'un campement ennemi au milieu des dunes de Mauritanie. Les jihadistes avaient le projet de faire sauter l'ambassade de France à Nouakchott. Ils ont été éliminés à leur réveil.

Ce bond technologique n'empêche pas de graves échecs, telle la libération ratée de l'agent Denis Allex en Somalie, en janvier 2013 – trois morts dans les rangs français.

Mutualisation des moyens

Ainsi, la DGSE est spécialisée sur l'interception des communications et la cryptologie, au bénéfice de l'ensemble de la communauté du renseignement. La direction du renseignement militaire (DRM) met en oeuvre quant à elle les satellites d'observation et les moyens d'écoute des signaux radar. Environ 80 % du budget annuel d'investissement de la direction technique de la DGSE financent des projets intéressant également d'autres organismes.

Direction du Renseignement

La Direction du Renseignement (DR) est chargée de la collecte et de l'analyse du renseignement, obtenu aussi bien de manière "ouverte" (*presse, conversations, documents officiels*) que "fermés" (*recrutement d'informateurs*), sur les menaces extérieures a la France mais aussi dans les domaines politiques, économiques, scientifiques.

Elle s'appuie pour cela sur des postes de la DGSE a l'étranger, quoique l'existence de postes DGSE sur le territoire national même, pour espionner les voisins et lutter contre des menaces, n'est pas a exclure.

Direction des Opérations

Créée en 1989 a l'initiative du général Jean Heinrich, la Direction des Opérations est chargée des opérations spéciales, a haut risque; c'est cette Direction qui envoie des officiers dans des zones réputées dangereuses (*en Irak, au Kosovo ou en Tchétchénie*) sans oublier les opérations "Homo" (assassinats), les ouvertures de courrier, fouilles de valises.

• **Le Service Action** (SA) participe au renseignement d'origine humaine *via* desmissions de reconnaissance et de surveillance. D'autres opérations sont menées commela libération d'otages, le sabotage ou l'arrestation de terroristes. Le SA est également chargé de tester la sécurité d'installations françaises sensibles telles que des bases militaires ou des centrales nucléaires. Le SA n'intervient qu'à la demande du plus haut niveau de l'autorité civile ou sur proposition de la hiérarchie militaire. Seul le Président de la République peut décider de l'emploi des forces du SA.

Direction de la Stratégie

La Direction de la Stratégie est chargée de transmettre aux décideurs politiques les informations recueillies par la DGSE et de recueillir leurs avis mais aussi de participer avec le Quai d'Orsay, le Ministère des affaires étrangères, a l'élaboration de la politique étrangère gouvernementale. C'est beaucoup plus un service "diplomatique", ce qui explique pourquoi c'est toujours un diplomate qui l'a toujours dirigé.

Direction technique

La Direction technique est chargée a la fois de la recherche et de l'exploitation des informations d'origine technique (ce qui laisse supposer que le service des écoutes lui est rattaché) sans oublier les poses de micros, caméras etc.

Direction de l'administration

La Direction de l'administration est chargée des questions d'administration au sein de la DGSE (affectation du personnel, assistance juridique, formation du personne, acquisition de matériel).

La DGSI

Créée par décret du 30 avril 2014, la direction générale de la sécurité intérieure (DGSI) succède à la direction centrale de renseignement intérieur (DCRI), direction spécialisée de la direction générale de la police nationale (DGPN).

Maintenant rattachée directement au ministre de l'intérieur, la DGSI est l'unique service français de sécurité intérieure. Historique La direction de la surveillance du territoire, créée en 1944, et une partie de la direction centrale des renseignements généraux, née en 1907, ont fusionné en 2008 pour constituer la DCRI. Ces deux services français de sécurité intérieure ayant une histoire et une culture différentes, l'objectif de la réforme a été de regrouper les complémentarités opérationnelles et analytiques des deux structures. Six ans plus tard, la DCRI devient DGSI afin d'obtenir une autonomie de gestion, une augmentation de ses moyens humains et financiers mais aussi la possibilité de recruter des spécialistes à l'extérieur de la police nationale et de s'adapter aux nouvelles menaces comme aux évolutions des métiers du renseignement.

Les missions de la DGSI consistent à lutter contre toutes les activités susceptibles de constituer une atteinte aux intérêts fondamentaux de la Nation. Elle est chargée de prévenir et de réprimer, sur le territoire de la République, les activités inspirées, engagées ou soutenues par des puissances ou des organisations étrangères et de nature à menacer la sécurité du pays.

Ces missions s'articulent autour de quatre pôles :
-le cœur de métier historique : le contre-espionnage
Il vise à déceler et à neutraliser toute menace résultant des activités de services de renseignement de pays adverses, d'organisations ou d'agents se livrant à l'espionnage, au sabotage ou à la subversion.

-la contre-ingérence économique et la contre-prolifération
La DGSI est chargée de la protection économique, scientifique et technologique de la France. De plus, au titre des menaces émergentes, elle participe à la lutte contre les proliférations des armes nucléaires, bactériologiques, chimiques et balistiques par une politique de coopération avec le secteur économique et industriel français.

-la lutte contre le terrorisme et les extrémismes violents

La menace terroriste, très évolutive, exige une adaptation permanente des outils et du dispositif de détection de celle-ci. C'est pourquoi la DGSI combine à la fois les capacités d'un service de renseignement et celles d'un service de police judiciaire spécialisé, qui permettent de détecter, surveiller et le cas échéant d'interpeller les individus, les groupes et les organisations susceptibles de se livrer à des actes de terrorisme ou d'atteinte à l'autorité de l'État.

-la lutte contre la cyber criminalité

Face au développement de menaces ayant pour support les technologies de l'information et des communications, la DGSI est chargée de protéger l'État en enquêtant sur les attaques visant ses intérêts fondamentaux, les secteurs stratégiques d'activité et les infrastructures vitales.

La DGSI dispose d'une direction du renseignement et des opérations, d'une direction technique, d'un service de l'administration générale et d'une inspection générale. Elle dispose également d'un vaste réseau de services territoriaux.

La DGSI exerce, outre ses fonctions de police judiciaire, tous les métiers d'un service de sécurité et de renseignement : recherche de renseignement, analyse, expertise technique notamment grâce à des ingénieurs et techniciens des systèmes d'information et de communication, surveillance et filature. Des contractuels de tout niveau sont également recrutés pour exercer des fonctions linguistiques, techniques et scientifiques.

L'affaire Pâques

En 1960, le responsable du KGB en Finlande, Anatoli Golitsyne, passe à l'Ouest et fournit à la CIA des précisions sur la manipulation, par le KGB, de taupes au sein del'Organisation du traité de l'Atlantique Nord (OTAN) et des services spéciaux occidentaux. Certains documents proviennent d'une fuite localisée à Paris.

L'enquête de la DST permet l'arrestation en 1963 de Georges Pâques, officier de presse à l'OTAN, qui admet avoir été recruté pa rles Soviétiques et leur avoir fourni des informations sensibles. Il déclare avoir agi pour éviter une guerre nucléaire entre les deux blocs. Son action a permis à Moscou de connaître avec précision les forces et les intentions de l'Ouest. La peine de Georges Pâques – la prison à perpétuité – fut commuée en vingt ans d'emprisonnement.

Après six années passées en prison, le président de la République le gracia.

On considère que Georges Pâques fut la source la plus importante des Soviétiques au sein de l'OTAN et de la défense française pendant la guerre froide.

Nucléaire français

En 1992, l'attaché scientifique de l'ambassade de Russie à Paris, Victor Otchenko, décide de passer à l'Ouest.Son débriefing permet l'arrestation d'un docteur en physique nucléaire qui travaillait pour le Commissariat à l'énergie atomique, au Centre d'études militaires de Limeil-Brévannes. En deux ans, l'intéressé, Francis Temperville, a vendu aux Russes les résultats des tirs expérimentaux de Mururoa ainsi que les plans des armes nucléaires françaises contre au moins 400 000 dollars. Il a été condamné à neuf années de prison pour trahison.

La fusée Ariane

De notoriété publique, le GRU a bien aidé le programme spatial soviétique en lui fournissant des informations sensibles pillées à l'Ouest. En France, ce fut le moteur cryogénique HM7 de la fusée *Ariane*, mis au point par la Société européenne de propulsion (SEP), qui fit l'objet d'une campagne d'espionnage. Après le démantèlement du réseau, en 1987, l'attaché militaire adjoint Valery Konorev fut expulsé ainsi que deux autres diplomates soviétiques. D'autres affaires ont concerné *Ariane*: en 1975, Serguei Agagfonov, qui avait tenté de soustraire des informations sur les réservoirs de carburant pendant le salon du Bourget, avait lui aussi été expulsé.

L'affaire Baumgartner

Après la chute du mur de Berlin, les anciens ennemis sont devenus des partenaires et les alliés des concurrents féroces. Ainsi, dans les années 1990, les services américains s'intéressèrent à l'attitude de la France, notamment dans les discussions économiques. Connaître la position d'un concurrent avant les négociations constitueen effet un atout majeur.

En 1993, la directrice d'une fondation américaine, la Dallas Market Center, en poste à Paris, invita à plusieurs reprises un haut fonctionnaire français à déjeuner dans le but inavoué de connaître la position française sur le GATT (Accord général sur les tarifsdouaniers et le commerce) et la politique agricole. La DST suivait alors tout particulièrement cette femme, Mary-Ann Baumgartner, connue pour être un agent de la CIA. Le haut fonctionnaire fut sollicité par la DST pour agir comme un agent double afin de faire passer des messages précis à son interlocutrice. Si aucune poursuite judiciaire n'a été engagée dans ce dossier, cinq diplomates américains ont été expulsés en février 1995, dont le chef de poste de la CIA à Paris. Cette affaire aurait coûté son poste de directeur de la CIA à Robert James Woolsey.

Carlos

Dès le début des années 1970, la DST s'intéresse aux opérations terroristes. En 1975, elle subit un profond revers et un choc avec l'assassinat par Carlos de deux de ses inspecteurs rue Toullier. Il faudra attendre près de vingt ans après sa condamnation par contumace à la détention à perpétuité pour que Carlos soit finalement neutralisé.

Membre du FPLP (Front populaire de libération de la Palestine) Carlos etait soutenu par les services spéciaux de certains pays arabes et de l'Est. Déjà connu pour l'attentat à la grenade du drugstore Publicis Saint-Germain à Paris en septembre 1974, il s'est illustré par toute une série d'actions terroristes comme la prise d'otages des ministres de l'Organisation des pays exportateurs de pétrole (OPEP) à Vienne en 1975 ou encore l'attentat du *Capitole*, le train Paris-Toulouse, qui fit 5 morts et 27 blessés en 1982.

Localisé successivement à Berlin-Est, Bucarest et Budapest, il se fixe ensuite à Beyrouth,qu'il doit quitter après la défaite des Palestiniens contre les Israéliens en 1982. Puis, on le retrouve au Yémen du Sud, en Libye et, en 1985, il s'installe à Damas avec la bénédiction des Syriens.

En 1991, il est lâché par ses protecteurs et se réfugie au Soudan. La DST n'a jamais abandonné la traque. Par l'entremise du général Philippe Rondot, elle négocie son arrestation. Le 14 août 1994, Carlos est enlevé sur ordre du ministre de l'Intérieur Charles Pasqua au cours d'un épisode rocambolesque : Carlos qui doit subir une opération chirurgicale bénigne est anesthésié, les hommes de la DST le transportent dans un avion qui décolle pour Paris. Rien n'aurait été possible sans l'accord des autorités politiques soudanaises.

Le renseignement soviétique

Tcheka – NKDV - KGB

Le renseignement a toujours tenu une place très particulière dans la société russe qui peut paraître suspecte pour nos yeux d'occidentaux. En effet le renseignement joue dans ce pays un rôle politique majeur depuis maintenant un siècle. Celui ci a très souvent été considéré comme un des piliers fondateurs de la Russie avec l'armée et le pouvoir politique. De par son importante population et sa géographie vaste la Russie a toujours été un pays extrêmement difficile à diriger. L'existence d'un organe de renseignement puissant, sans concurrents, capable à la fois de contrôler les débordements de la société civile mais aussi d'agir sur la scène internationale semble donc être un pré-requis pour gouverner efficacement et ce, quelque soit le mode de gouvernement (régime tsariste ou soviétique). Sans un tel organe, l'État russe ne semble pas en mesure de contrôler son territoire et perd de sa puissance.

Okhrana

Bien avant la création de l'URSS la Russie disposait d'un service de renseignement puissant tourné aussi bien vers l'extérieur que vers l'intérieur: l'Okhrana. Crée par le Tsar en 1881 sa mission principale est alors de lutter contre les mouvances anarchistes dans l'Empire. En effet à cette date un attentat anarchiste cause la mort de l'empereur Alexandre II. Son successeur donne alors de larges prérogatives à cette nouvelle institution pour lui permettre d'effectuer sa tache de manière efficace. Certains révolutionnaires voient dans l'Okhrana le prototype de la police politique moderne, notamment dans ses méthodes de fonctionnement.

Tchéka - NKDV

Cette peur de l'espion à la solde de l' étranger, ou de l'opposant politique, va trouver son point culminant dans les années trentes. Staline, devenu désormais le chef ultime de l'URSS, va exploiter cette peur pour justifier sa politique de purge notamment au sein des services. L'objectif est d'éliminer ceux qui ne se montrent pas fidèle jusqu'à l'aveuglement. La Tchéka devenu OGPU depuis 1922 se réorganise et est intégrée au commissariat du peuple à l'Interieur: le NKVD. Le but de cette réorganisation est de concentrer les pouvoirs des services dans les mains d'un seul homme: Staline.

Les purges touchent violemment les services de renseignements. Des tchékistes compétents ayant reçus de nombreuses récompenses sont fusillés à l'image d'Artouzov et Trilisser accusés d'espionnage aux profits des services britanniques. Artouzov ira même jusqu'à écrire une note au juge d'instruction avec son propre sang pour le convaincre de son innocence. La propagande stalinienne présente alors ces hommes comme des agents doubles et veut démontrer ainsi la pénétration des service étrangers au sein de l'URSS. Les purges sont alors présentées au peuple comme un mal nécessaire pour sauver l'union Soviétique.

Le renseignement est alors considérablement affaibli en URSS et, conjointement, c'est à cet époque que l'URSS est vulnérable sur la scène internationale. En effet ces purges vont avoir un effet dramatique en 1941. La plupart de agents compétents ayant été éliminés les services ne sont pas en mesure de prédire la politique d'Hitler et de sa future invasion de l'URSS. De plus, le peu de moyens qu'il restait aux services est tourné vers la suppression de l'opposant politique principale de Staline, Trotski.

Celui ci est éliminé le 24 mai 1940 par un agent infiltré R.Mercader (20 ans plus tard l'assassin est récompensé par Brejnev). A la suite de ces purges le NKVD est réformé et transformé en MVD (ministère des affaires intérieures). La police politique et les organes de renseignements sont alors confiés à Beria, fidèle de la première heure, que Staline présente aux alliés comme *«notre Himmler»*. Sous Beria les purges et les exactions s'intensifient de manière brutale sans doute du à la psychologie instable du personnage.

KGB

A l'époque soviétique était le KGB (acronyme de *Комитет государственной безопасности* = Comité pour la sécurité de l'Etat), principal service de renseignement de l'URSS, créé le 1^{er}Janvier 1954. Le KGB était chargé aussi bien du contre-espionnage que des gardes-frontières, du renseignement extérieur, de la lutte contre les opposants ou de la protection des personnalités. Uniquement subordonné au Politburo, et particulièrement au secrétaire général du parti communiste de l'URSS, il avait en outre la haute main sur ses concurrents, le GRU, rattaché à l'Armée rouge, et le MVD, Ministère de l'intérieur, c'est-à-dire la police.

Il faut attendre la mort de Staline et de son homme fort Beria pour que soit décidée une refonte massive des services de renseignements. Khroutchev, alors premier secrétaire, devant les exactions commises par ces hommes au nom de Staline décide que les services auront désormais le statut d'un simple comité et non plus d'un ministère et seront soumis au conseil des ministres. Pour éviter qu'un seul homme ne contrôle ces outils puissants, ceux ci seront désormais dans les mains du Parti. Le MVD est dissous et un nouveau service voit le jour en 1954: Le comité pour la sureté de l'Etat ou KGB.

A l'image de son insigne le KGB est pensé comme l'épée et le bouclier de l'URSS: L'épée pour écraser ses ennemis et le bouclier pour protéger la Révolution. A la différence des services occidentaux il est donc compétent en dehors et à l'intérieur des frontières de l'URSS. Ses fonctions sont donc multiples: espionnage extérieur, contre espionnage, liquidation, garde frontière, sécurité du parti et de ses membres. Certains experts énoncent que le KGB disposait de 1,5 Millions de collaborateurs alors que le gouvernement soviétique affirmait que ses services secrets comptaient environ 500 000 employés. Dans les deux cas la puissance de ce service est sans commune mesure avec ses rivaux à l'Ouest.

Cependant son pouvoir ne fut pas tourné uniquement vers l'ennemi à l'Ouest mais aussi vers la société civile russe. Perpétuant la tradition du noyautage hérité de l'Okhrana, Le KGB permit de contrôler, d'intimider ou encore de liquider les opposants au régime tel Andreï Sakharov. Il est incontestable que le KGB a, au cours de son existence, provoqué la mort de milliers de personnes considérés comme des « *ennemis du peuple* ». Il est en effet , très rapidement, et sous l'impulsion du Politburo, retombé dans les travers de ses prédécesseurs mais à un degrés supérieur du fait de ses prérogatives et moyens importants. Néanmoins il faut toujours avoir à l'esprit que de nombreux services de renseignement à l'époque fonctionnaient de manière identique.

Si le KGB a pu obtenir un telle puissance c'est par la combinaison de trois facteurs : Il n'a pas de concurrents dans le domaine du renseignement, il a réussi à infiltrer la société civile de manière efficace en établissant un maillage complet du vaste territoire russe et, enfin, il est en capacité de lutter sur la scène international avec tous les services étrangers. L'addition de ces trois facteurs fait du KGB l'organe de renseignement sans doute le plus puissant de l'époque.

Andropov

S'il est un homme qui a marqué (et marque encore) les services de renseignement en Russie c'est sans doute Iouri Andropov. L'homme a en effet été directeur du KGB durant 15 ans (1967-1982) avant de devenir premier secrétaire du Parti et donc de diriger l'URSS pendant 2 ans (il meurt en 1984).

Dès son arrivé il relance de manière énergique la répression contre les dissidents en créant notamment la fameuse cinquième direction du KGB spécialisée dans la répression politique. En outre de nombreux opposants sont envoyés dans des hôpitaux psychiatriques. Cette volonté de fer semble trouver son origine dans la période où il fut ambassadeur d'URSS en Hongrie au cours des évènements de 1956 où il pu voir de sa fenêtre des lynchages d'officiers de services de renseignement par les Hongrois.[2]

Cependant ce n'est pas en raison ces persécutions qu'il est un modèle pour de nombreux russes aujourd'hui (dont Vladimir Poutine), mais plutôt pour son action au Politburo. Il y entre en 1973 et décide alors de mener une politique ferme contre la corruption dans l'entourage de Brejnev en mettant fin notamment au « *scandale du caviar* » où des hauts responsables s'enrichissaient frauduleusement avec le trafic de cette denrée.

Ses partisans n'hésitent pas à le décrire comme un économiste de génie et adepte de la transparence. Il décide notamment à la fin des années 1970 de calculer le PIB de l'URSS selon les critères occidentaux et réussit à montrer un réel déclin de l'économie soviétique suceptible dêtre dépassée par l'allemagne de l'Ouest si rien n'est entrepris. Par ses analyses économiques et sa politique anti-corruption il bénéficie du soutient du complexe militaro-industrielle et de l'armée et se fait élire au poste suprême de l'Union soviétique.

KGB en France

Le KGB disposait en France, durant la guerre froide, de plus d'agents que dans aucun autre pays d'Europe de l'Ouest. La France fut, durant les années de la guerre froide, un nid d'espions soviétiques.

Durant une grande partie, et probablement la majeure partie, de la guerre froide, l'antenne du KGB dans la capitale française, a traité plus d'agents - au moins une cinquantaine - qu'aucune autre station du KGB en Europe de l'Ouest.

Le contre-espionnage français a été informé par les services secrets britanniques des principaux éléments concernant la France depuis 1992, comme l'ont été les autres pays occidentaux à propos de leurs «espions» respectifs. Les révélations du transfuge ont permis à la DST de faire d'utiles recoupements et de nourrir des dossiers déjà ouverts. Mais aucun de ces éléments ne devrait donner lieu à des poursuites, faute de preuves...

En Grande-Bretagne, en revanche, avant même la mise en vente de l'ouvrage en librairie, ses morceaux choisis, distillés tout au long de la semaine par le Times, ont provoqué remous et scandales. Une grand-mère communiste de 87 ans, Melita Norwood, qui boit son thé dans une tasse à l'effigie de Che Guevara quand elle reçoit la presse dans sa petite maison de la banlieue de Londres etait employée dans un centre de recherche nucléaire et elle aurait été «la plus grande espionne britannique jamais recrutée par l'URSS».

Des caches d'armes se trouvaient encore en Europe et que le KGB avait tenté, en vain, de recruter l'ancien Premier ministre britannique travailliste Harold Wilson, ou l'ex-conseiller de Jimmy Carter pour les affaires de sécurité, Zbignew Brzezinski, anticommuniste aussi farouche que notoire, ou encore les sociaux-démocrates allemands Willy Brandt ou Oskar Lafontaine.

On y découvre même que le KGB, ne négligeant aucune option pour affaiblir l'aura des dissidents, avait recouru en 1978 aux services d'un hypnotiseur pour tenter de déconcentrer le champion d'échecs Victor Kortchnoï, qui avait troqué sa nationalité soviétique pour un passeport suisse.

En France, la cinquantaine d'agents mentionnés par Mitrokhine sont disséminés au sein des services secrets français (Sdece, DST et Renseignements généraux), aux ministères des Affaires étrangères, de la Défense et de la Marine, ainsi que dans la presse et dans l'industrie.

L'une des premières et des plus importantes recrues du KGB est un employé du chiffre au Quai d'Orsay, identifié sous le nom de code de Jour. Il fut recruté en 1945 et resta actif jusque dans les années 80. Il fut décoré de l'Etoile rouge en 1957. C'était probablement grâce à Jour que, durant la crise des missiles cubains, le KGB a pu donner au Kremlin des copies verbatim des communications diplomatiques entre le Quai d'Orsay et ses ambassades à Moscou et à Washington.

Deux autres agents du chiffre, alias Larionov et Sidorov, viendront compléter ce dispositif. Grâce à Jour, probablement, les nouveaux téléscripteurs installés à l'ambassade de France à Moscou, entre octobre 1976 et février 1977, furent «écoutés» pendant six ans. L'ambassade de France à Moscou était depuis longtemps une cible favorite du KGB, et dans les années 60 de charmantes Mata Hari soviétiques entreprirent de séduire l'ambassadeur, Maurice Dejean, et l'attaché de l'air, le colonel Louis Guibaud. Deux missions qui se sont terminées, pour l'un dans la tragédie - Guibaud s'est suicidé - pour l'autre dans le ridicule, quand Dejean, rappelé à Paris, fut accueilli par de Gaulle, qui lui lança: «Alors, Dejean, on couche?»

Le recrutement de deux hommes politiques socialistes proches de François Mitterrand viennent s'ajouter au cas déjà connu de Charles Hernu. Le premier, nom de code Gilbert, puis Giles, fut d'abord recruté par les Tchécoslovaques en 1955 sous le pseudonyme de Roter, tandis que le second, Drom, est approché par le KGB en 1959, recruté en 1961, et sera payé 1 500 francs par mois pendant douze ans.

Les autres recrues sont essentiellement des agents d'influence. L'une d'elles est un ancien résistant proche des milieux gaullistes et devenu homme d'affaires: François Saar-Demichel. Engagé sous le nom de code de NN, il est censé ouvrir au KGB les portes de l'Elysée.

André Ulmann fera fonctionner grâce à des subsides du KGB une revue à la tonalité prosoviétique, *La Tribune des nations*. Thierry Wolton, dans son livre *Le KGB en France*, raconte qu'Ulmann écrivit notamment un article signé d'un prétendu membre des services secrets américains discréditant Victor Kravchenko, auteur d'un best-seller antisoviétique en 1949: *J'ai choisi la liberté*.

Pierre-Charles Pathé, alias Pecherin puis Mason, fonde, avec des fonds du KGB, une agence d'informations, *le Centre d'information scientifique, économique et politique*. Il est arrêté et condamné en 1980 à cinq ans d'emprisonnement. Il sera libéré en 1981.

La presse française fut aussi la cible du KGB. Le livre cite trois journalistes influents, sans préciser l'organe de presse pour lequel ils travaillaient. L'un est surnommé André, et aurait eu ses entrées auprès de Georges Pompidou. Le deuxième, Argus, aurait entretenu des contacts étroits avec Pierre Messmer. Le troisième répondait au surnom de Brok et aurait tenté une opération de désinformation tendant à rendre difficile le rapprochement de Valéry Giscard d'Estaing et de Jacques Chaban-Delmas au second tour de l'élection présidentielle de 1974.

Le Monde aurait été surnommé «Vestnik» (le messager), mais il semble que le KGB avait en son sein de simples «contacts», Deux journalistes importants et quelques collaborateurs occasionnels - plutôt que de véritables recrues. L'AFP, pour sa part, aurait abrité six agents du KGB en son sein, et deux «contacts confidentiels». L'une de ces recrues, Lan, aurait cru longtemps travailler pour la compagnie italienne Olivetti, alors qu'il était en fait payé par le KGB 1 500 francs par mois.

Affaire Farewell

Dans la vie de François Mitterrand, ce 14 juillet 1981 reste à jamais une date. Pour la première fois sous la Ve République, née en 1958, un président socialiste célèbre la fête nationale. Défilé des troupes, garden-party à l'Elysée, l'ancien leader de l'opposition inaugure en public son rôle de chef de l'Etat. Puis, dans le secret de son bureau, il découvre l'une des "plus grandes affaires d'espionnage du xxe siècle", comme va la qualifier Ronald Reagan, alors président des Etats-Unis.

Depuis plusieurs semaines, Marcel Chalet, chef de la Direction de la surveillance du territoire (DST), tente d'obtenir un rendez-vous avec

Mitterrand. Il a transmis le message au ministre de l'Intérieur, Gaston Defferre.

Aux yeux du nouveau pouvoir, la DST n'a pas bonne presse. Et Defferre prétexte de difficultés à s'adresser directement au chef de l'Etat. Le rendez-vous est finalement fixé au 14 juillet, après la garden-party. Marcel Chalet entre dans le bureau présidentiel, quelques documents sous le bras. Outre François Mitterrand, sont présents Gaston Defferre, Maurice Grimaud, son directeur de cabinet, et Pierre Bérégovoy, secrétaire général de l'Elysée. Le président se tourne vers le ministre. Le directeur de la DST trouve la parole de Defferre "un peu confuse". Il demande l'autorisation de prendre le relais.

Pendant deux heures, Mitterrand écoute en silence que la DST possède au sein d'une des plus importantes directions du KGB, une source capable de produire abondamment des informations de première grandeur. Celles-ci concernent un peu la France, beaucoup les Etats-Unis.

La taupe, baptisée "Farewell", démontre ainsi que le système de protection radar américain est pénétré par les Soviétiques. Que ceux-ci ont aussi décrypté l'un des systèmes de protection de la Maison-Blanche. Enfin, Farewell désigne de hautes personnalités aux Etats-Unis et en France comme des agents soviétiques.

Mitterrand alerte les Américains le 19 juillet. Il confesse à Reagan l'existence de Farewell. Cet aveu volontaire détend les relations avec le président américain, qui voyait d'un mauvais oeil la présence de communistes dans le gouvernement d'un pays de l'Alliance atlantique.

Le 3 août, Marcel Chalet s'envole pour Washington. Il y rencontre le vice-président, George Bush, dans sa résidence privée. Le Français et l'ancien directeur de la CIA se connaissent de longue date. Chalet parle à nouveau pendant plusieurs heures. Cette fois, les Américains en savent autant que Mitterrand. A l'exception du nom de l'espion extraordinaire: le lieutenant-colonel Vetrov.

Bien avant de le baptiser du nom de code «Farewell», le service français de contre-espionnage-que l'on appelait encore DST- l'a fiché, en 1965, sous sa vraie identité: Vladimir Ippolitovitch Vetrov. Le futur agent double vient de s'installer à Paris, affecté à l'ambassade d'URSS comme attaché commercial-autant dire comme espion. Il a 33 ans, une jolie femme et un petit garçon, un bel avenir devant lui. Ancien athlète de haut niveau, il est diplômé d'une grande école d'ingénieurs; deux qualités qui lui ont ouvert les portes du KGB. Mal informée, la DST lui prête une appartenance au GRU, service subalterne. Mais elle ne le lâche pas d'une semelle.

Loin de la grisaille moscovite, Vetrov mène d'ailleurs grand train: Bateaux-Mouches, boutiques et cabarets. En plus de jolis souvenirs, il se fait un ami : Jacques Prévost, cadre supérieur de Thomson qui l'invite aux meilleures tables et qui, durant l'été 1970, lui rend un service signalé. Eméché, l'agent russe a embouti sa voiture de fonction, une Peugeot 404 verte. Si l'ambassade l'apprend, c'en est fini de la belle vie parisienne. Prévost fait réparer d'urgence le véhicule et lui évite l'accident de carrière. Au supérieur de son ami, qui a réglé la facture, le Russe offre un samovar. Mais il garde une dette envers Prévost.

Prévost servait bel et bien d' «*agent d'approche*» à la DST et, de fait, le service a tenté de recruter Vetrov juste après l'accrochage - mais en vain. Quelques semaines passent et ce dernier est rappelé à Moscou. A Paris, un billet manuscrit est agraphé à son dossier: « *En cas de demande de visa, ne pas refuser le visa et avertir R41, quelle que soit la durée du séjour demandé.* »

Le 5 juillet 1973, la fiche de Vetrov est actualisée; il occupe une fonction importante au ministère de l'Industrie soviétique, est-il indiqué, «*serait un membre important du KGB*» et, selon ses confidences à «*un technicien français en stage à Moscou*» , il «*se plaint de ne pouvoir revenir en France, les autorités lui refusant systématiquement son visa*» . Sept ans après, lorsqu'il décide de changer de camp, c'est toujours à la France qu'il pense.

«Cher Jacques ! Par l'occasion, j'ai la possibilité de t'envoyer une petite lettre et de te rappeler que nous, ma femme et moi, sommes sains et saufs... »
Il ne demande rien d'autre à son ami qu'un coup de téléphone. Prévost l'a montré à la DST, où on lui a recommandé de ne pas bouger. Impatient, Vetrov confie en février 1981 une seconde missive à un ingénieur français, croisé à Moscou dans un Salon d'électronique. Hélas, la DST ne dispose d'aucun agent en URSS. Prévost suggère de faire appel au chef de l'antenne moscovite de Thomson, Xavier Ameil.

Polytechnicien et descendant d'un général d'Empire, il a 58 ans et l'esprit aventureux. L'entrevue a lieu le 5 mars 1981 à la tombée du soir. Ameil a sur lui un exemplaire du *Monde* et la carte de visite de Prévost. A l'heure dite, Vetrov monte dans sa Renault 20 blanche. « *On m'a chargé de vous dire que si vous voulez passer à l'Ouest, les frontières vous sont ouvertes*, dit le Français. *Des instructions seront données. On vous accueillera."*
"- Mais je ne veux pas quitter mon pays ! s'emporte le Russe. "*Je veux travailler pour vous. J'ai des renseignements à vous fournir. Beaucoup de renseignements. »*

Quand Vetrov tend une feuille sur laquelle il a tracé quelques lignes en français, Ameil, qui ne veut pas passer pour un amateur, lance, au culot : « *Mais tout ça, on le sait déjà!*» Vexé, l'officier du KGB répond : *«La prochaine fois, vous aurez mieux... »*

En six rendez-vous, Vetrov livre plus de détails sur l'espionnage soviétique que l'ensemble des services secrets occidentaux n'en ont recueilli depuis la fermeture du Rideau de fer. Noms, chiffres, listes d'objectifs, des centaines de pages qu'Ameil photocopie dans son bureau, le soir ou le week-end, avant de les confier aux émissaires de Thomson qui passent par Moscou.

Au siège de la DST, les documents sont traduits au fur et à mesure. Leur nombre et leur contenu laissent pantois. Le 15 mai 1981, Vetrov change d'officier traitant. Ameil, déçu, doit passer le relais à un «pro». Sa couverture était trop mince pour affronter la bise de la guerre froide. Son successeur s'appelle Patrick Ferrant. C'est l'attaché militaire adjoint de l'ambassade de France. Jusqu'au début de 1982, Farewell et lui vont se fixer dix-huit rendez-vous: tantôt pour des remises de documents, tantôt pour les récupérer.

A Paris, chaque envoi est accueilli avec émerveillement. Vetrov va jusqu'à fournir le bilan d'activité du KGB en 1979 et 1980, qui révèle à la fois les objectifs de l'espionnage soviétique, les moyens engagés et les résultats obtenus! Sur un cahier d'écolier, il a aussi recensé de sa main les 215 agents de Moscou à travers le monde, avec adresses et numéros de téléphone...

La trahison de Vetrov se nourrit d'une double frustration, intime et professionnelle. Trompé par son épouse, il a pris pour maîtresse une traductrice de son service; mais, au KGB, on ne divorce pas - et il n'est pas sûr de le vouloir vraiment. Sa carrière aussi est dans l'impasse. Il n'est que lieutenant-colonel à 48 ans et il exècre son univers bureaucratique, qui fait la part belle aux pistonnés de la nomenklatura. Bref, il ne croit plus à l'Est et il a perdu le Nord; c'est pourquoi il s'est tourné vers l'Ouest.

«Vous me demandez ce qui m'a décidé à faire ce pas", écrit-il à Patrick Ferrant. "*Je pourrais l'expliquer ainsi : j'aime beaucoup votre France, qui a laissé une empreinte profonde dans mon âme. Et je déteste avec répugnance ce régime totalitaire qui écrase la personnalité . Dans notre vie il n'y a rien, c'est de la pourriture.»*

Pour améliorer l'ordinaire, la DST lui verse de petites sommes: 25 500 roubles au total-soit quand même quatre années de salaire pour un gradé du KGB. Pour faciliter son travail d'agent double, on lui fournit un appareil photo miniature prêté par la CIA. Mais il multiplie les imprudences, boit trop, refuse le système des «boîtes aux lettres» (ces cachettes choisies à l'avance où les espions déposent leurs livraisons).

«Ce que je veux, dit-il à Ferrant, *c'est parler en français avec vous. On se voit dans la rue, sans se cacher. On rigole, on se parle, on va s'asseoir. Personne ne trouvera ça bizarre. »*

Le KGB n'y voit que du feu, mais, le 22 février 1982, Vetrov finit par attirer l'attention. Il tente de tuer sa maîtresse en pleine rue et poignarde un milicien qui passait par là. Il est emprisonné. Le lendemain, Ferrant l'attend en vain.

La DST reste sans nouvelles de sa source miraculeuse jusqu'à l'hiver 1982. Le 2 décembre, une note signale, sur la base d'un renseignement américain : *«De bonne source, nous avons appris que Farewell avait été condamné à douze ans de détention à l'issue d'un procès de droit commun au cours duquel il devait répondre d'un meurtre commis dans des circonstances totalement étrangères à l'affaire. En l'état actuel de nos connaissances, aucun élément ne permet de conclure que celle-ci ait pu être découverte.»* Dans sa cellule en Sibérie, Vetrov peut presque penser que son crime le protège et qu'on finira par l'oublier.

Au mois d'avril 1983, quand il découvre dans un journal que la France vient d'ordonner l'expulsion de 47 diplomates soviétiques, certains témoins rapportent qu'il s'exclame : *« Ah, les connards ! Ils m'ont grillé... »* La liste des agents expulsés a été établie, bien sûr, grâce aux révélations de la taupe. Mais la décision prise par Mitterrand est étrangère à son sort : en fait, le président venait d'apprendre que les communications cryptées de l'ambassade de France à Moscou étaient espionnées depuis des années ; il a voulu frapper un grand coup.
Pour impressionner les Soviétiques, on a mis sous les yeux de leur ambassadeur, convoqué au Quai d'Orsay, l'une des plus belles pièces de la « production Farewell» : le fameux bilan d'activité du KGB, couvert du tampon *«particulièrement secret»* et dont les destinataires se comptaient sur les doigts d'une main. Dès lors, remonter jusqu'à Vetrov n'était sans doute plus qu'une formalité.

Malgré leur gratitude envers Farewell-que tous proclament encore à présent-, les hommes du contre-espionnage pouvaient considérer que l'heure était venue d'exploiter ce qu'il avait fourni, quitte à l'exposer au danger. Au cours de l'été 1984, le KGB ouvrit une enquête contre Vetrov pour «crime contre l'Etat ». Il passa aux aveux en des termes si virulents que sa confession, dit-on, ébranla l'espionnage soviétique jusqu'au sommet.

Condamné en décembre 1984 par la chambre militaire de la Cour suprême d'URSS, il fut exécuté au fond d'un souterrain, sans doute d'une balle dans la nuque. Jamais il ne vit s'effondrer le régime qui avait fait de lui un agent, puis un traître.

Le renseignement russe

Après la chute de l'URSS Boris Elstine se retrouve à la tête de la Fédération de Russie. Il entreprend alors de remettre de l'ordre dans les institutions et notamment dans le milieu du renseignement. Une action semble à cet effet symptomatique de cette volonté de changement. Il s'agit du déboulonnage de la statue de Félix Djerjinski situé en face des locaux du KGB : la Lubienka.

Plus qu'une simple vengeance cet acte est véritablement symbolique et marque le refus par le gouvernement de retomber dans les dérives passées. Alors que le renseignement était perçu (par l'intermédiaire du KGB) comme le troisième pilier du pouvoir soviétique (avec l'armée et le Parti), Boris Elstine va entreprendre de mettre fin a ce pouvoir politique et réformer en profondeur le système de renseignement. Ses buts sont alors clairement définis et vont de pair avec la libéralisation qu'il entreprend au sein de la société russe. Il s'agit dès lors d'organiser la fin définitive de l'organe unique et affaiblir ainsi le rôle politique du renseignement en Russie. Le KGB est officiellement dissous le 4 décembre 1991.

Avec la chute de l'URSS la Russie entre dans une période troublée de son Histoire. L'ouverture à l'économie de marché sans aucun contrôle aboutit à une véritable anarchie où les plus opportunistes arrivent à créer de véritable fortunes. C'est la Russie des oligarques et des mafias qui apparaît. La puissance de la fédération de Russie périclite et elle n'est plus en mesure de s'affirmer sur la scène internationale.

Pour de nombreux russes, la volonté des dirigeants en 1991 de diminuer la puissance du renseignement en Russie est un non sens. Certains citoyens russes considèrent que sans un organe de renseignement fort , la Russie est faible. Ces hommes ont vécu la chute de l'URSS comme « *la plus grande catastrophe géopolitique du siècle dernier* »[1]. Selon eux si la Russie était puissante en 1881, 1920 et 1956 c'est notamment du au fait qu'elle disposait d'un service de renseignement puissant et crédible la protégeant des intrusions étrangères mais aussi d'elle même (troubles internes). Ce pilier fondamental (avec l'armée et le pouvoir politique) ne saurait donc être affaibli car dès lors c'est toute la Russie qui est affaib

FSB

La volonté de mettre fin à l'organe unique en matière de renseignement est clairement affichée par Boris Elstine à la fin du XXème siècle. Celui ci dissout le KGB et décide la création de deux organes aux fonctions juridiquement bien distinctes: Le FSB compétent à l'intérieur des frontières de la Fédération de Russie et le SVR compétent pour la collecte et le traitement du renseignement à l'étranger

Le service fédéral de la sécurité de la Fédération de Russie (FSB) est donc le successeur principal du KGB dissout en 1991. Le **FSB** (*Федеральная служба безопасности Российской Федерации* = Service fédéral de sécurité de la Fédération de Russie) est le principal successeur du KGB. Il en a d'ailleurs gardé le PC, la sinistre Loubianka.

Le FSB est responsable de la sécurité intérieure de la Russie, du contre-espionnage, et de la lutte contre le crime organisé, le terrorisme et le trafic de drogue. Mais il est également engagé de facto contre l'élimination de la dissidence interne, mettant en œuvre désinformation, propagande, provocations et persécutions des dissidents et opposants politique.

On notera que le FSB est compétent pour agir dans les territoires des anciennes républiques soviétiques, preuve, s'il en était besoin, que celles-ci n'ont jamais quitté l'espace russe dans l'esprit des dirigeants. Enfin, le FSB peut conduire des opérations militaires anti-terroristes (sic) n'importe où dans le monde. Dans ce contexte, tous les services d'ordre et de renseignements de Russie peuvent travailler si besoin sous le contrôle du FSB.

Sa naissance n'a lieu qu'en 1995 en remplacement d'un organe : le service fédéral de contre-espionnage (FSK) mais qui, du fait de nombreux scandales et de son inefficacité (notamment son incapacité à prévenir la montée des nationalismes en 1993) fut rapidement dissout. Le FSB est donc créé le 3 avril 1995 par une loi fédérale signée par Boris Elstine. Ses prérogatives et sa structure sont alors clairement établis. Il est directement dirigé par le gouvernement de la Fédération de Russie.

Très tôt Boris Elstine a voulu éviter que les services de renseignements ne retombent dans les dérives soviétiques. Il fait inscrire dans leurs statuts le respect de certains principes notamment le principe de légalité et d'humanité (article 5) . Le FSB doit juridiquement respecter les droits de l'Homme et les libertés fondamentales. Enfin pour éviter de revivre le complot de 1991 il est indiqué que toute activité de conspiration contre l'État est interdite.

Le président de l'époque a la volonté de rendre transparent et démocratique des institutions qui ne l'étaient pas à la base. Pour cela l'article 6 sur le respect des droits fondamentaux est extrêmement détaillé et protecteur. Il ouvre notamment des voies de recours pour les citoyens. Une personne, persuadée que le FSB a violé ses obligations, est en droit de saisir le bureau du procureur ou une Cour pour faire cesser cette violation. Il est en outre possible à tout individu de demander la réparation de dommages survenant à la suite d'une action du FSB. Enfin une information détenue par le FSB sur la vie privée d'un individu, sans rapport avec les missions du service, ne peut être détenue sans l'autorisation expresse de la personne.

Selon ses statuts initiaux le FSB est donc en charge du contre-espionnage mais aussi de la lutte contre le crime. Il est considéré comme un service « défensif ». Preuve en est de l'insigne du FSB reprenant quasi à l'identique celui du KGB mais en inversant l'épée et le bouclier.En matière de contre-espionnage le FSB semble aussi efficace que le KGB . Le directeur du FSB déclarait à ce sujet en 1996 « *il n'y a jamais eu autant d'espions arrêtés par nous depuis la fin de la seconde guerre mondiale où des agents allemands étaient envoyés* ». A ce sujet le FSB rapporte qu'environ 400 agents étrangers ont été démasqués entre 1995 et 1996.

En matière de lutte contre la criminalité organisée le FSB coopère bien entendu avec Interpol en fournissant des informations sur des grands groupes criminels russes en Europe[3]. Cependant cette mission ne semble pas une de ses priorités en raison des liens étroits entre la mafia et les services de renseignements.

Enfin il faut noter que depuis l'arrivée de Vladimir Poutine le FSB est en charge de la lutte anti-terroriste mais aussi de la surveillance des frontières et des télécommunications. Nous analyserons les conséquences de l'étendue de ses prérogatives dans une partie spécifique.

Le FSB depuis 2003 est composé de huit services et de deux directorats. Parmi les services nous pouvons citer les plus importants : le service de contre-espionnage, le service de la protection du système constitutionnel et de la lutte anti-terroriste, ou encore le service des frontières.

Le FSB dispose d'un important réseau d'informateurs civils et d'officiers de renseignement. Cependant le nombre d'employés du FSB reste un mystère. On peut néanmoins affirmer de manière certaine que ce nombre est en constante augmentation du fait de la recrudescence des actes terroristes sur le sol de la Fédération de Russie.

Quand à ses pouvoirs, l'article 13 des statuts du FSB les décrit en détail. Citons entre autres, la capacité d'infiltrer des réseaux étrangers suspectés d'espionnage envers la Fédération de Russie mais aussi les capacités d'investigation dans des enquêtes criminelles. Les agents du FSB peuvent en outre pénétrer dans les résidences des citoyens russes si la cause est justifiée par des motifs de lutte contre le terrorisme.

On le constate ses pouvoirs sont exorbitants. Il est nécessaire cependant de rappeler que les services aux États-Unis disposent de pouvoir similaire grâce au Patriot Act[2]. Si les citoyens disposent de voies de recours en cas d'abus de pouvoir, le problème se pose quand les juridictions ou les organes censés contrôler ces services sont eux même infiltrés par le FSB. La tentation est grande pour le gouvernement russe d'utiliser ces pouvoirs (en les justifiant par la lutte anti-terroriste) pour contrôler sa population et notamment les opposants politiques.

Le FSB est donc le service qui, en nombre de collaborateurs ou de fonctionnaires, mais aussi par rapport à son budget, est le plus important dans la nouvelle Fédération de Russie. Pourtant la volonté de Boris Elstine dans les années 90 est de le charger uniquement des questions internes. Il refuse de le voir s'occuper de questions portant sur l'espionnage à l'étranger. Ses limites semblent donc à priori établies.

General Alexander Bortnikov

L'interview de A. Bortnikov du 19 décembre 2017 donné à Rossiïskaya Gazeta: "Le FSB remet les accents".

Pourquoi vous ne voyez pas, comme par exemple la Procuratura ou le ministère de l'Intérieur, vos racines dans la Russie pétrovienne, puisqu'il existait bien alors un système de renseignement et de contre-espionnage?

En effet, il existait des structures exerçant des fonctions de renseignement et de contre-espionnage, garantissant la protection de l'ordre public et la protection des frontières dès le moment de l'apparition d'un Etat centralisé, mais c'est il y a 100 ans qu'est apparu pour la première fois un système centralisé de renseignement et de contre-espionnage. L'arrivée de cette date anniversaire est une très bonne occasion pour remettre les accents à leur place et répondre à un certain nombre de questions litigieuses, notamment concernant les évènements de ces années passées. Puisqu'il est bien connu que l'examen des faits en dehors de leur contexte historique nous ôte la possibilité d'examiner objectivement le passé, de comprendre le présent et de prévoir le futur.

Donc, tout ce que le public connaît de l'activité de vos services ne correspond pas à la réalité?

Beaucoup de mythes ont été créés au sujet des organes de sécurité, certains très résistants. Le caractère spécifique de l'activité des services de sécurité ne permet objectivement pas d'informer en temps réel la société sur les opérations menées. Cela favorise l'apparition, disons, d'une "auréole de secret" autour de l'activité des organes compétents et renforce l'intérêt du public pour les sources secondaires, pas toujours favorables à notre égard. Certains, dans la course au sensationnel, augmentent le rôle des services de sécurité dans les évènements qui se produisent, d'autres mentent ouvertement, remplissant leur mission de propagande. L'ouverture postérieure de l'information, la levée du secret sur certains faits, ne permet pas toujours de revenir sur ces mythes bien ancrés.

Les relations de la société aux organes de sécurité ne sont pas linéaires, elles ont beaucoup évolué en fonction de la conjoncture politique. Sur quoi se base le FSB pour apprécier l'activité de ses prédécesseurs?

Pour répondre à cette question, j'aimerais mettre l'accent sur trois moments importants. Tout d'abord, il faut tenir compte des conditions historiques. Plusieurs fois, les puissances étrangères ont porté atteinte à notre Patrie. Notre adversaire a tenté de remporter la victoire contre nous soit dans un combat ouvert, soit en mettant l'accent sur les traitres à l'intérieur du pays, et tentant avec leur aide de semer la confusion, de diviser le peuple, de paralyser la possibilité de l'Etat de réagir à temps et efficacement aux dangers qui se présentent. La destruction de la Russie reste pour certains une idée obcessionnelle.

En tant qu'organe de sécurité, nous sommes obligés de mettre à nu les intentions de l'adversaire, anticiper ses actions et dûment réagir aux attaques. En ce sens, le critère principal de l'activité de nos services est l'efficacité. Ensuite, les missions réalisées par les organes de sécurité changent en fonction des enjeux et des dangers, que rencontre l'Etat aux différentes périodes de son existence. Autrement dit, les missions de la Tchéka étaient très différentes de celles du KGB, sans même parler du FSB. Cela a conditionné et la logique des transformations organisationnelles des services spéciaux, et des méthodes de travail.

Et enfin, il ne faut pas considérer les membres des services spéciaux indépendamment de la société, avec tous ses avantages et ses inconvénients. Lorsque la société change, nous changeons aussi.

Aujourd'hui encore, les membres des services de sécurité sont souvent appelés "tchékistes". Cela ne vous dérange pas ce parallèle avec la Tchéka, qui avait été créée comme "l'épée punitive de la Révolution"?

Aujourd'hui, non ça ne dérange pas. Le terme de 'tchékiste' est depuis longtemps devenu une figure de style. Il tire ses racines non seulement dans notre jargon professionnel, mais il est également largement employé dans les milieux journalistiques et dans la société en général. Et il faut comprendre que l'activité des organes de sécurité actuels n'a rien à voir avec celle "exceptionnelle" des premières années du pouvoir soviétique.

Je rappelle que la Commission russe d'exception (Tchéka) pour la lutte contre l'activité contre-révolutionnaire et le sabotage auprès du Soviet des Commissaires du Peuple, dirigée par F. Dzerjinsky, a été créée comme un organes temporaire avec des compétences extraordinaires, à une époque où le pays se trouvait dans une situation critique, avec le début de la guerre civile et de l'Intervention étrangère, de la paralysie de l'économie, du règne du banditisme et du terrorisme, de l'augmentation des actes de sabotage, du renforcement du séparatisme.
Comme vous le comprenez, le caractère exceptionnel de la situation obligeait à prendre des mesures exceptionnelles. La Tchéka regroupait alors des missions de renseignement, de contre-espionnage, d'enquête, d'instruction et de jugement avec droit de prononcer la peine de mort, plus tard ont été ajoutés les fonctions de protection des frontières étatiques, des sites de gouvernement et des premières personnes de l'Etat.

Les tchékistes ont efficacement mis à jour et contré les activités destructrices des services étrangers, des organisations terroristes, criminelles et de l'émigration blanche et ont également participé à la garantie de la sécurité alimentaire.

Dans le même temps, la guerre était menée contre les vestiges de la guerre civile, à savoir le "banditisme rouge", du despotisme d'extrême gauche dans l'activité du Parti et des membres des organes de sécurité qui, sous couvert d'"idée révolutionnaire" pratiquaient la justice sommaire, des arrestations et des réquisitions illégales. Les mesures violentes prises en 1923 ont permis globalement d'y mettre fin.

L'unité du système des organes de sécurité a dans une grande mesure permis de préserver la gouvernementabilité du pays dans une situation de guerre. En 1922, la Tchéka a été réorganisée en Département de la politique d'Etat auprès du NKVD de la RSFSR et en 1923, en raison de la création de l'URSS, en Département unifié de la politique d'Etat (OGPU), ayant les droits du Commissariat général (ministère avant la guerre).

Il avait alors d'autres missions, la garantie de la sécurité et du développement paisible du jeune Etat soviétique. Pourtant, au cours des décennies suivantes, leurs membres ont gardé le nom de tchékiste. Autrement dit, l'histoire, l'expérience et les traditions qui transparaissent dans les différentes appellations ne se réduisent pas uniquement à la période de la Tchéka ni, comme vous l'avez dit, à "l"épée punitive de la Révolution". Elle est beaucoup plus large. Et renoncer au terme de tchékiste est comme reléguer aux oubliettes toute une génération de nos prédécesseurs.

C'est alors en 1920 que les organes de la sécurité étatique ont acquis leur première expérience en matière de contre-espionnage et ont même pu battre des espions occidentaux expérimentés?

Le travail s'est déroulé sans la préparation professionnelle nécessaire et l'expérience a été acquise à partir de zéro. La première grande réussite du contre-espionnage soviétique est la mise à jour en septembre 1918 du "Complot des ambassadeurs" des pays de l'Entente sous la direction du chef de la mission diplomatique britanique P. Lockhart, qui ont tenté d'organiser un soulèvement armé à Moscou et de soutenir le débarquement d'une Intervention anglaise à Arkhanguelsk.

En 1919, les tchékistes ont mis à jours un groupe de résidents à Pétrograd et à Moscou, dirigé par un officier du MI6, connu comme "l'homme aux cent visages", P. Dukes. Pour comprendre l'importance de ce groupe pour Londres, il suffit de connaître ce fait. Le Gouvernement anglais a inclus les compensations financières pour l'arrestation et l'exécution de toute une série d'espions du Groupe de Dukes dans l'"ultimatum de Curzon" de 1923, qui a sérieusement compliqué les relations bilatérales avec l'URSS et a conduit les pays au bord de la guerre.

Dans le milieu des années 20, en résultat des opérations "Sindikat-2" et "Trest", qui ont duré quelques années, les tchékistes ont mis fin à l'activité hostile de toute une organisation souterraine terroriste contre-révolutionnaire, liée aux réseaux de l'émigration et des services spéciaux étrangers. En même temps a été mis à jour et défait un nouveau groupe d'agents britanniques. Soyez d'accord, pour de tous jeunes services spéciaux, ce sont de brillants résultats.

Mais pour autant, pour beaucoup ces organes Tchéka-OGPU-NKVD sont surtout associés aux répressions des années 30. Est-ce que vraiment les tchékistes n'ont pas compris dans quoi ils ont pris part?

A nouveau reportons notre attention sur la réalité de ces années. La Paix de Versailles n'était considérée par les pays vainqueurs que comme un répit temporaire. Ils travaillaient sur des plans d'attaque de l'URSS dès les années 20. Le danger d'une guerre à venir exigeait de l'Etat soviétique la concentration de toutes ses ressources et la tension de ses forces à la limite de la rupture, l'accélération de l'industrialisation et de la collectivisation.

Mais la société n'avait pas encore récupéré après la guerre civile et la dévastation du territoire. La mobilisation fut extrêmement douloureuse. La dureté des méthodes de l'Etat a provoqué le mécontentement d'une partie de la société soviétique. Même à l'intérieur de l'OGPU est apparu un conflit entre le directeur G. Iagoda et son adjoint S. Messing, qui avec un groupe de personnes de même sensibilité s'est prononcé en 1931 contre les arrestations de masse.

Des purges ont été réalisées dans les organes de sécurité, qui furent encore renforcées après l'assassinat de S. Kirov en 1934. Au moindre soupçon de "manque de fiabilité", des collaborateurs qualifiés étaient relégués en périphérie, démissionnaient ou bien étaient arrêtés. Ils étaient remplacés par des gens sans expérience pratique, mais qui étaient prêts pour faire carrière à exécuter n'importe quel ordre. C'est en partie par cela que l'on peut expliquer les "excès" des organes de l'OGPU-NKVD.

En tout, entre 1933 et 1939, ont été victimes de répression 22 618 tchékistes, notamment les premiers membres du contre-renseignement comme A. Artouzov, K. Zvonarev et d'autres. Uniquement à l'époque de N. Iejov (septembre 1936 - novembre 1938), le conseil de direction du département contre-espionnage du NKVD a été renouvelé trois fois. En mars 1938, il a même été liquidé.

Evidemment parmis les tchékistes qui, je le répète était pour la majorité au coude à coude avec la société, il y avait à cette époque des personnes très différentes. Il y avait de ceux pour qui "la fin justifie les moyens", mais en même temps il y a avait ceux qui s'appuyaient sur les motifs idéoligiques désintéressés. Ces derniers, et parmi ceux-mêmes qui ont subi des répressions, n'ont pas pour autant perdu la foi dans le Parti et personnellement en Staline. Avec L. Béria, une partie d'entre eux a été réintégrée dans les organes de sécurité.

Est-ce qu'il y avait de réels fondements à ces "purges"?

Même si pour beaucoup cette époque est associée à la fabrication de masse des accusations, les documents d'archives démontrent l'existence d'une part d'objectivité dans un grand nombre d'affaires, notamment reflétées par les procès ouverts célèbres. Les plans des partisans de Trotsky en vue du remplacement, voire de la liquidation, de Staline et de ses collaborateurs à la direction du PC US sont loin de ressortir de l'imaginaire, tout comme les liens des conspirateurs avec les services secrets étrangers. Par ailleurs, une grande partie des figurants de ces affaires sont des figures de la nomenclature du Parti et de la direction des organes de la force publique, compromis dans des affaires de corruption, convaincus d'arbitraire et de justice punitive.

Pour autant, je ne veux blanchir personne. Les noms des tchékistes concrets ayant commis des actes criminels sont connus et dans l'ensemble ils furent punis après le remplacement et l'exécution de Iejov. Ils sont également passés au tribunal de l'histoire: dans la période de réhabilitation de masse des années 1950 et 1980, leur condamnation a été jugée définitivement.

Les répressions politiques de masse ont pris fin à l'adoption de l'arrêté par le Comité central du Parti sur "les arrestations, la surveillance exercée par le procureur et l'instruction préparatoire" du 17 novembre 1938. Nommé au poste de Commissaire du Peuple aux affaires intérieures L. Béria a rétabli la direction principale de la sécurité d'Etat du NKVD et a purgé les organes des carriéristes dernièrement arrivés. Les exigences du travail d'enquête ont été augmentées, ce qui a permis de diminuer de plusieurs fois le nombre de condamnations aux plus hautes peines.

Des sources diverses annoncent des chiffres différents quant aux répressions. Le FSB a des données exactes?

Encore à la fin des années 80 a été sorti du secret défense la circulaire de 1954 sur la quantité de personnes condamnées pour activité contre-révolutionnaire ou autres crimes contre l'Etat, notamment pour banditisme et espionnage militaire, de 1921 à 1943 ont été condamnées 4 060 306 personnes. Parmi eux, ont été condamnées à la plus haute peine 642 980 personnes, à des mesures d'exil ou à des expulsions - 765 180. Tous les autres chiffres sont sujets à discussion.

Autrement dit, Staline savait que la guerre se préparait?

Bien sûr. Grâce au travail des services de renseignement et du service du code, les organes de direction de l'URSS recevaient à temps les informations sur ce qui se passait en Europe de l'Ouest et dans l'Extrême Orient, sur les ambitions des pays de l'Axe Rome-Berlin-Tokyo et également sur les efforts faits par la Grande-Bretagne et les Etats-Unis pour pousser Hitler à étendre la guerre vers l'Est.

Notamment, à partir de 1940, l'on a obtenu différentes informations sur le déplacement de forces militaires allemandes vers la frontière soviétique. Le renseignement a signalé la construction accélérée de différentes fortifications, d'aérodromes, de réserves et de routes, la mobilisation partielle ou totale de la population locale, l'activation des réseaux d'espionnage dans les zones frontalières.

Uniquement du 18 au 22 juin 1941, dans la direction de Minsk, ont été arrêtés et neutralisés 211 groupes de renseignement et de sabotage, ou bien d'individus idolés remplissant ces fonctions. L'intensification des échanges radios codés a été notée. L'information sur la création par l'Allemagne de dictionnaires de poche germano-ukrainiens pour les troupes a été révélée. Par ailleurs, l'information capitale de la non-volonté de l'Espagne franquiste et de la Turquie de déclarer la guerre à l'URSS a été obtenue, tout comme l'intérêt de l'Allemagne d'obtenir des renseignements sur les contacts entre les organes de direction de l'URSS et les Britanniques et les Américains mis à jour.

Dans quel but a-t-il été nécessaire de créer les célèbres divisions "Smersh" ("mort aux espions")?

Après l'échec de la guerre éclair, les services spéciaux allemands - "Abver" et RSHA - ont profondément modifié leur tactique. L'adversaire a fait le pari de "l'espionnage total" et de la préparation de masse de réseaux d'agents, basés sur les personnes restées sur les territoires occupés, les détenus dans les camps de concentration, les prisonniers de guerre et les représentants des groupes d'émigration. Cela a nécessité une autre approche également de la part des organes de sécurité.

En avril 1943, sur la base de la Direction des départements spéciaux (le contre-renseignement militaire) du NKVD de l'URSS ont été créées deux divisions "Smersh", dans le cadre du Commissariat du Peuple de la défense et de celui de la marine militaire. Ils furent dirigés par V. Abakoumov, qui était sous les ordres du Commandant en Chef des armées, et P. Gladkov. Peu savent qu'une division Smersh a également été créée dans le système du NKVD, sous la direction de S. Iourimovitch, qui était en charge de l'approvisionnement opérationnel des contingents frontaliers et à l'intérieur, de la milice et des autres formations armées du Commissariat du Peuple.

Dans une période relativement courte, sur le front, les Smersh ont réussi à s'infiltrer dans les structures de renseignement militaire allemandes et des écoles de préparation des agents infiltrés, à neutraliser beaucoup de saboteurs et à retourner des agents, à établir des canaux opérationnels pour faire passer la désinformation et renforcer le système de contre-espionnage de l'Armée rouge. En même temps, les services spéciaux allemands n'ont pas réussi à avoir un seul agent parmi les Smerch, ni dans les Etats-majors et autres organes de direction militaire. (...)

Pour toute la période de la Grande Guerre Patriotique (Seconde Guerre mondiale - note traducteur), les organes de sécurité ont arrêté pour espionnage au profit de l'Allemagne 15 976 personnes, au profit du Japon - 433 personnes, et au profit des autres services de renseignement - 2 204 personnes. (...)

A partir de 1944, ont commencé de grandes opérations menées par les tchékistes à l'égard de bandes très importantes, que l'on pourrait comparer aux opérations antiterroristes actuelles. La liquidation des chefs nationalistes et de nombreux combattants a été rendue possible grâce à la création extrêmement rapide de tout un réseau d'agents, composé à parmi les populations locales. Vers le milieu des années 50, ce réseau souterrain a été liquidé. Pour autant, la recherche et le renvoi devant les tribunaux des criminels de guerre a continué jusque dans les années 80.

Finalement, pour les collaborateurs des services de sécurité soviétiques le combat n'a pas pris fin avec la Victoire?

Indépendamment de la collaboration lors de la Seconde Guerre mondiale, la confrontation géopolitique et idéologique entre la Grande-Bretagne, les Etats-Unis et l'URSS a repris. Dès avril 1945, le Comité des états-majors du commandement militaire britannique a commencé la préparation de l'opération "Inconcevable", concernant l'agression de l'URSS. Plus tard, dans son discours de Fulton, W. Churchill a formulé le début de la "guerre froide", puis la création de l'OTAN a encore compliqué la situation.

Les Etats-Unis envisageaient d'employer contre notre pays la bombe atomique utilisée à Hiroshima et Nagasaki. Des dizaines de sites étaient marqués pour le bombardement. Pour septembre 1945, 15 sites de première importance étaient recensés et 66 de seconde importance. L'établissement en 1949 du Plan Dropshot prévoyait le déploiement d'une agression par l'OTAN qui devait commencer par le bombardement de 100 villes soviétiques par 300 bombes atomiques. Ces informations obtenues par les réseaux d'agents ont été à temps transmises à Staline.

Mais ces mêmes Américains nous ont dépassés dans la création de la bombe atomique?

Le renseignement a transmis tout au long de la guerre les informations sur les travaux de l'Allemagne fasciste, des Etats-Unis et de la Grande-Bretagne pour créer la bombe atomique. Le programme soviétique atomique a été lancé en 1942, même si des travaux étaient conduits dans ce domaine depuis les années 30. En avril 1945, a été créé un Comité spécial auprès du Comité d'Etat pour la défense afin d'organiser rapidement les travaux autour de la création de la bombe atomique ("Problème N°1"), dirigé par le Commissaire du Peuple Béria. A partir de mars 1946, des agents expérimentés du contre-espionnage ont été affiliés aux Instituts de recherche travaillant à la bombe atomique.

Ces officiers étaient nécessaires pour surveiller les chercheurs?

Non, ils avaient une autre mission. Ils devaient à tout prix assurer les besoins matériels, garantir le secret des recherches, organiser la protection des sites, des chercheurs et des constructeurs. Par ailleurs, le renseignement et le contre-renseignement faisaient régulièrement passer aux chercheurs des informations importantes sur les avancées à l'étranger et des échantillons techniques. C'est ainsi qu'avec l'aide des services spéciaux a été réalisé le bouclier nucléaire soviétique. (...)

Est-ce vrai que c'est justement sous Andropov qu'a été prise la décision d'une plus grande transparence du KGB et des résultats de ses opérations pour la société soviétique?

C'est exactement cela. Il était indispensable de montrer le rôle réel de nos collaborateurs dans la garantie de la sécurité de la Patrie. Sont apparus de nombreuses publications dans les revues, des ouvrages et des films sur l'activité des organes de sécurité, fondés sur des documents retirés du secret d'Etat.

Sous sa présidence, les organes de sécurité ont connu de nombreuses réussites. Une approche systématique des services de contre-espionnage a été réalisée. Le niveau de professionnalisme de ses membres a été fortement renforcé.

Les méthodes de défense des fondements de l'ordre étatique sont devenues plus souples. L'accent a été mis sur la prévention et les mesures de réaction administratives. Pour autant, il était impossible de renoncer totalement aux mesures fortes. Les attentats de 1977 commis par des nationalistes arméniens ont montré qu'il n'y a qu'un pas entre l'appel aux activités anti-étatiques et les actes sanglants. Les coupables furent arrêtés et condamnés à la plus haute peine pénale.

D'une manière générale, le KBG avait commencé un travail systématique de lutte contre le terrorisme après les attentats de Munich lors des JO de 1972. Le Comité a alors établi, sur la base d'informations obtenues, une liste de personnes soupçonnées de sympathie pour le terrorisme ou l'extrémisme et également liées à des groupes criminels ou radicaux. En 1974 a ainsi été créé le célèbre groupe "A" de la 7e Direction du KGB pour les opérations antiterroristes.

La lutte contre la corruption dans les organes de pouvoir et dans les structures du Parti a été une des grandes réussites d'Andropov. A la fin des années 60-70 ont été montées deux grandes opérations dans les républiques socialistes d'Azerbaïdjan et de Géorgie, en conséquence de quoi ont été arrêtés des centaines de fonctionnaires locaux du Parti. En revanche, un certain nombre d'informations sur des liens de corruption n'ont pu donner lieu à des poursuites juridiques en raison des fils qui conduisaient au sein du Comité central du PC URSS.

Par exemple, après l'interrogatoire du premier secrétaire du Parti de Moscou Kuïbychevsky en présence du directeur du KGB, arrêté pour une enveloppe d'un million et demi de roubles, L. Brejnev a personnellement adressé ses reproches à Andropov. Le Secrétaire général a indiqué que la mission du KGB est de protéger la nomenclature du Parti et non pas de réunir des informations compromettantes contre elle.

Dans cette situation, les collaborateurs du KBG étaient conduits à se concentrer uniquement sur la rupture des canaux d'enrichissement illicite de l'élite du Parti. Un coup dur a été porté à la "mafia du commerce". Lorsqu'il a dirigé ensuite le Comité central du PC US, Andropov a purgé les rangs du

Parti. A Moscou, dans les Républiques socialistes soviétiques d'Ukraine ou d'Ouzbékistan a été remplacé plus du tiers des organes de directions.

Après la mort d'Andropov, ont commencé des processus qui ont conduit au bout de quelques années à la chute de l'URSS. Le KGB aurait-il pu influencer la situation et conserver le pays?

Le groupe de réformateurs arrivés au pouvoir sous la direction de M. Gorbatchev, malgré la déclaration de la "Perestroïka", de l'ouverture et de la transparence, a conservé l'interdiction faite aux KGB de réunir des informations sur les représentants de l'élite du Parti. Le Comité Central du Parti n'a même pas réagi à l'information du contre-espionnage sur l'acquisition par les services spéciaux étrangers d'agents d'influence au sein des organes de pouvoir au niveau fédéral.

"Agent d'influence", ce n'est pas un terme contemporain?

Non, ce terme a été pour la première fois employé par Andropov en 1977 dans le rapport pour le Bureau Politique sur "Les activités hostiles de la CIA visant à la décomposition de la société soviétique et à la désorganisation de l'économie socialiste à travers des agents d'influence".

Finalement, à la fin des années 80, l'élite du Parti ne faisait plus confiance au KGB?

Il semblerait plutôt qu'elle ne le considérait plus comme utile et nécessaire pour elle. Nombre d'informations et de documents analytiques envoyés au Comité Central concernant toute une série de problèmes restaient sans réactions. Et les problèmes ne cessaient d'augmenter: sur fond de crise économique en pleine aggravation, se développaient le mécontentement social et politique de toute une partie de la population, les conflits interethniques et interreligieux se sont intensifiés, les tendances séparatistes se sont renforcées. Dans différentes régions du pays, explosaient des révoltes et des pogroms.

Et inévitablement, les groupes opérationnels du KGB et d'autres structures envoyés dans ces "points chauds" pour régler la situation se sont retrouvés dans un piège: le pouvoir central ne voulait prendre la responsabilité de la résolution des conflits, envoyait des ordres contraires et finalement abandonnait ses collaborateurs à leur sort. Cela a conduit à la crise de confiance des "siloviki" (représentants des forces de l'ordre - note traducteur) dans les organes de pouvoir du pays. L'on peut dire que le dernier bastion de protection du pays s'est écroulé.

Autrement dit, les tchékistes, malgré toutes leurs ressources et expérience, sont restés en dehors des évènements?

A ce moment-là, le démontage du KGB avait déjà commencé. Dans leur combat pour le pouvoir, les élites du Parti des républiques, en tirant vers eux les organes locaux du KGB, escomptaient renforcer leur position et affaiblir celle du Centre. En mai 1991 a été pris la décision de créer le KGB RSFSR, sous prétexte qu'en Russie, à la différence des autres républiques, il n'y avait pas d'organes propres de sécurité, et ensuite en sa transformation en Agence de sécurité fédérale. L'appareil central du KGB a été transmis à cette Agence, pour être finalement liquidé à la fin de l'année.

Une nouvelle vague de transformations et de prises de contrôle a alors commencé. Formellement, les fonctions de coordination des organes de sécurité ont été transférées vers un Département inter-républiques de sécurité. Le renseignement extérieur a été autonomisé, tout comme les gardes-frontières, le service de protection, la communication du Gouvernement et bien encore d'autres. Une grande partie des départements est entrée dans le Ministère de la sécurité et ensuite dans le Service fédéral du contre-espionnage de la Fédération de Russie.

Il est surprenant qu'en Russie à ce moment-là un quelconque système de sécurité d'Etat ait pu rester opérationnel.

Comprenant toute la complexité de la situation du pays, les collaborateurs ont fait le maximum pour résoudre les problèmes qui se posaient à eux. Par ailleurs, le pouvoir confronté à la montée incontrôlable des tendances centrifuges locales, mettant le pays au bord de la guerre civile et de l'éclatement de la Fédération, en a conclu la nécessité de la restauration d'un système complet de sécurité.

En 1995 a été fondé le FSB de Russie. La législation a précisément fixé les compétences des organes de sécurité et fixé l'obligation de respecter les droits et libertés des citoyens lors des opérations pro-actives. Tout cela a permis le renforcement de l'efficacité du travail opérationnel. Simplement en 1995-1996, le contre-espionnage a sorti de l'ombre et pris sous son contrôle opérationnel plus de 400 collaborateurs des services spéciaux étrangers, notamment de l'ancien espace post-soviétique, et 39 de leurs agents.

Les services spéciaux étrangers faisaient leur possible pour obtenir des informations concernant l'industrie militaire et également concernant le potentiel et l'état de l'armée. Dans la réalisation de leurs missions, les services étrangers ont beaucoup été aidés par l'augmentation de la quantité des "initiatives privées" d'une partie des citoyens russes, qui étaient prêts à la trahison pour un enrichissement personnel - la trahison d'Etat était devenu un acte de commerce.

V. Poutine, nommé à la direction du FSB en juillet 1998 a beaucoup apporté au renforcement des organes de sécurité. Sous sa direction, la structure a été optimisée, le financement augmenté et posées les bases pour une modernisation profonde, ce qui a permis de remplir avec plus d'efficacité les missions posées.

En août 1999, le FSB a été dirigé par N. Patrouchev. En 2003, le FSB a récupéré les gardes-frontières et le services de la communication d'Etat. Cela a largement enrichi les instruments de garantie de la sécurité du pays et renforcé la systématicité de l'action du FSB. Par ailleurs, les informations concernant les résultats des opérations menées par le FSB font de plus en plus l'objet d'une communication publique, ce qui a posé les bases d'un discours constructif entre les organes de sécurité et la société.

Au début des années 2000, l'on a entendu de nombreuses déclarations concernant les jeux d'espionnage contre la Russie, pourtant l'époque était au renouveau et à l'amitié avec ces mêmes Américains. Ou bien ce n'était qu'une apparence?

En effet, à cette époque le travail de notre contre-espionnage a fait beaucoup de bruit. En 2000, lors de la transmission par le professeur de l'Université Baumanskaya A. Babkine de renseignements secrets concernant le nouveau système de missile sous-marin "Grain", a été interpellé le collaborateur du département du renseignement militaire américain E. Pope. Sa culpabilité a été démontrée devant la justice, mais au regard du principe d'humanisme et tenant compte de son état de santé, il a été gracié par le Président russe et expulsé du pays.

En 2003, l'activité des services spéciaux américains, utilisant les convois de chemin de fer approvisionnant leurs troupes en Asie centrale pour y cacher des appareils électroniques d'espionnage, a été mise à jour. Alors que l'autorisation de transit de ces convois par notre territoire était un acte de bienveillance du pouvoir russe envers Washington. Nous avons trouvé et pris plus de 150 de ces appareils d'espionnage. L'affaire s'est terminée par un scandale international et une note de protestation du ministère des Affaires étrangères russe.

En 2006, après avoir longtemps analysé le trajet de déplacement dans notre capitale des diplomates britanniques A. Fleming, C. Pirt, M. Doe et du membre du MI6 P. Crompton, deux transmetteurs électroniques, cachés sous l'apparence d'une pierre, et prévu pour garder un contact direct avec leurs agents ont été trouvés. La révélation des espions britanniques après que Londre ait déclaré qu'ils n'avaient plus d'activité d'espionnage en Russie depuis les années 90, a compromis la Grande-Bretagne. Par ailleurs, grâce à notre travail, la société a pu apprendre le financement de toute une série d'ONG russes par le MI6.

Aujourd'hui, les services étrangers espionnent moins la Russie?

Je ne dirais pas ça comme ça. Les services étrangers continuent à vouloir entrer dans toutes les sphères d'activité de notre Etat. Evidemment, ils trouvent une forte résistance de la part de notre contre-espionnage. Ainsi, de 2012 à nos jours, 137 membres des services spéciaux étrangers et leurs agents ont été mis en accusation. 120 organisations non gouvernementales étrangères et internationales, instruments du renseignement étranger, ont été fermées en Russie. 140 ont été condamnées lors de mesures de protection de secrets d'Etat.

Comment évaluez-vous le niveau de la menace terroriste et extrémiste en Russie aujourd'hui? Et dans quelle mesure les services spéciaux sont-ils prêts à combattre ces dangers?

Il existe en Russie aujourd'hui un système intégré de lutte contre le terrorisme, qui a pour fonction autant la prévention que la lutte elle-même contre le terrorisme et la réduction de ses conséquences. Depuis 2006 fonctionne un Comité national antiterroriste et l'Etat-major opérationnel, dans les régions des commissions antiterroristes et des états-majors opérationnels ont été créés. La loi a posé l'obligation pour les organes de pouvoir d'exécuter leurs décisions. Suite aux mesures prises ces 6 dernières années, les crimes terroristes ont été diminués par 10. En 2017, 23 attentats ont été empêchés. Un travail de prévention est conduit contre la radicalisation de groupes sociaux, principalement auprès des jeunes, et de leur entrée dans les groupes terroristes. L'activité terroriste et extrémiste de plus de 300 groupes a été liquidée.

Plus de 9500 personnes ont été condamnées ces dernières 5 années pour des crimes liés au terrorisme ou à l'extrémisme. Une grande quantité d'armes et d'explosifs a été retirée du marché illégal. Dans le Caucase du Nord, les bandes souterraines ont quasiment été erradiquées.

Nous travaillons sur la fermeture des filières d'entrée en Russie des membres des groupes terroristes internationaux des zones de conflits du Moyen Orient, d'Afrique du Nord et d'Afghanistan et également de l'entrée dans ces zones des citoyens russes. A ce jour, environ 4 500 citoyens russes sont allés dans ces zones s'engager dans des conflits armés aux côtés des terroristes. Ces deux dernières années, plus de 200 personnes ont été empêchées de quitter le territoire. Des mesures sont prises pour filtrer la vague migratoire. Depuis 2012, plus d'un millier de personnes ont été condamnées pour organisation de filières migratoires illégales. Maintenant, notre priorité est de découvrir les groupes dormants des organisations terroristes et extrémistes et empêcher les terroristes individuels, dont l'activité s'est développée dans plusieurs pays.

Vladimir Poutine, à l'assemblée du FSB a remercié les collaborateurs pour l'efficacité de leur travail en Syrie. Est-il possible de révéler ce secret et de savoir de quoi il s'agit?

Les organes du contre-espionnage militaire ont garanti la sécurité des groupes militaires russes sur l'aérodrome de Hmeimim. Ils ont empêché tout acte terroriste ou attaque. Grâce aux informations obtenues par nos moyens, un grand nombre d'opérations spéciales a été conduit avec succès.

Dans quelle mesure notre voisin ukrainien est aujourd'hui dangereux?

Nous portons une attention particulière à l'édification de mécanismes fiables de protection face aux dangers qui viennent de l'Ukraine actuelle. Nous prenons des mesures pour lutter contre l'activité de ses services spéciaux contrôlée par l'Occident ayant une activité de sabotage et de terrorisme, et également pour bloquer toutes les tentatives des nationalistes et extrémistes ukrainiens d'établir des liens avec les personnes partageants leur opinion dans la diaspora ukrainienne en Russie. Ainsi, en 2016-2017, en Crimée, 3 groupes de sabotage terroristes du renseignement SBU et du renseignement militaire GRU ukrainien ont été neutralisés. En 2016, dans la région de Rostov, des membres du groupe Secteur Droit ont été arrêtés, alors qu'ils préparaient des attentats dans les régions russes. Les tentatives du SBU d'établir des filières de trafic de drogue en Russie ont également été bloquées.

Les grandes affaires anti-corruption de ces dernières années furent possible grâce aux enquêtes du FSB, non?

Commençons par rappeler que dans le domaine de la protection de la sécurité économique, ces dernières 5 années l'on a pu empêcher qu'un dommage de plus de 900 milliards de rouble ne soit causé à l'Etat. Suite à notre travail en matière de criminalité économique, notamment dans le domaine de la corruption, quasiment 13 000 personnes ont été condamnées. Parmi eux l'on compte des fonctionnaires fédéraux, des gouverneurs, des personnes de direction dans les ministères ou les organes publics, dans les holding publics, les entreprises d'Etat, les établissements publics. Malgré la difficulté et le temps nécessaire pour réunir les preuves, malgré les pressions de la part des personnes impliquées dans les schémas complexes d'enrichissement illégal, le combat continuera, quel que soient leur rang et leur titre.

Le combat est également mené contre la criminalité organisée. Depuis 2012, l'activité criminelle de plus de 300 organisations a été arrêtée, dont certaines étaient présidées par des personnes haut placées. 326 personnes ont été condamnées pour contrebande. Environ 23 tonnes de drogues et de psychotropes ont été retirés du marché et plus de 7000 trafiquants de drogue ont été déclarés responsables pénalement.

Il existe cette expression populaire "La frontière est sous clé". Cette expression est encore actuelle?

Bien sûr. Actuellement, les gardes-frontières, en contact étroit avec les divisions territoriales du FSB et les organes du contre-espionnage militaire, luttent efficacement contre les atteintes possibles à la sécurité de notre pays. En 5 ans, les gardes-frontières ont interpelé plus de 25 000 personnes tentant de violer la frontière. 10 000 ont été jugés. Des mesures spécifiques sont prises pour lutter contre le trafic des ressources aquatiques naturelles, principalement en ce qui concerne l'Océan Pacifique et la Mer caspienne. Au nombre des priorités, l'on compte le renforcement des frontières russes en Arctique et avec l'Ukraine.

Est-ce que le refroidissement des relations entre la Russie et l'Occident a eu un impact sur les relation du FSB avec ses partenaires étrangers? L'on continue a échanger des informations avec les Etats-Unis et les services spéciaux des autres pays?

Je vous assure que malgré tout cela, notre collaboration se développe très bien. A ce jour, le FSB a des contacts avec 205 services spéciaux et organes des forces de l'ordre de 104 pays, notamment 56 structures de gardes-frontières de 48 Etats. Les relations sont et bilatérales et multilatérales sur les plateformes existantes à cet effet. Les résultats du travail de la Conférence des directeurs des services spéciaux, des organes de sécurité et des organes des forces de l'ordre des Etats étrangers partenaires du FSB sont chaque année présentés au briefing du Comité antiterroriste du Conseil de sécurité de l'ONU.

D'autres structures ont également une activité importante, à savoir le Conseil des directeurs des services spéciaux et des organes de sécurité des pays de la CEI, le Centre antiterroriste des pays de l'Organisation de coopération de Shangai. Nos partenaires comprennent parfaitement que les tensions politiques n'ôtent en rien leur actualité aux problèmes importants que sont le terrorisme international, la criminalité organisée transnationale et la criminalisation du milieu informationnel. Ces enjeux exigent une réaction systémique des structures compétentes. Ce faisant, lors de notre travail l'on entend de moins en moins de déclarations purement réthoriques, au profit de la résolution des questions concrètes.

La sécurité d'évènements internationaux en Russie a été assurée en coopération avec nos partenaires étrangers: les Universiades de 2013, les Olympiades de Sotchi en 2014, la Coupe de la Confédération en 2017, ainsi que différents Forums économiques et politiques de haut niveau. (...)

Pour résoudre un tel spectre de problème, le professionnalisme des membres du FSB est un aspect important.

C'est exacte. Le développement du professionnalisme de ses collaborateurs est une des priorités de notre organisation. L'intégration d'une dimension et scientifique et pratique dans le processus de formation permet de renforcer l'efficacité de nos Instituts. Dans le système du FSB fonctionnent aujourd'hui 2 Académies, 11 Instituts et des écoles de cadets. En général, la formation est divisée en 70 branches et spécialités. Nous sommes particulièrement intéressés en ce que les jeunes ayant une sensibilité patriotique rejoignent les rangs de nos étudiants et ensuite consacrent leur vie à la garantie de la sécurité de notre Patrie.
(...)

Comment le FSB construit ses relations avec la société?

Le Conseil civique auprès du FSB est le meilleur organe de contrôle du respect des droits constitutionnels des citoyens depuis déjà 10 ans. Des personnalités en vue des milieux d'experts, d'entreprise, de la science, des arts en font partie. Il a un spectre de missions très large qu'il remplit parfaitement: du contrôle civique sur les projets d'actes normatifs que nous préparons à l'examen des requêtes des citoyens. Il édite également une revue "FSB: pour et contre", où sont publiés des articles sur l'évolution des organes de sécurité, permettant au public d'avoir un regard objectif sur différentes pages de l'histoire de nos services spéciaux et , de manière argumentée, de contrer les tentatives de les discréditer et de falsifier l'histoire.

Qu'en pensez-vous, la société aujourd'hui fait plus confiance aux collaborateurs des services spéciaux?

En principe, la garantie de la sécurité d'un pays est un processus complexe et à plusieurs facettes. Il nécessite non seulement la mobilisation des forces et des moyens des services spéciaux et de l'ensemble de l'appareil d'Etat, mais également la pleine collaboration des citoyens. Dans le cas contraire, il n'est pas possible de garantir la protection de l'Etat contre les dangers extérieurs et intérieurs, et dans les situations de crise il ne peut être protégé des conflits ethniques sanglants et d'une totale destruction. Tel fut le cas lors de la chute de l'Empire. Et cela s'est répété lorsque l'Union soviétique a sombré.

Les organes nationaux de sécurité, étant passés par une voie difficile, ont tiré les leçons de l'histoire. Maintenant le FSB est libre de toute influence politique et ne sert aucun intérêt partisan ou sectoriel. Il fonde son travail sur la Constitution russe et la législation fédérale. Le but est la garantie de la sécurité de l'individu, de la société et de l'Etat. Le résultat de notre travail est particulièrement apprécié par le Président russe et trouva chaque année plus de soutien parmi les citoyens.

La confiance de la société et du pouvoir met plus de responsabilité sur les épaules des organes de sécurité. Cette génération de collaborateurs utilisent parfaitement toute l'expérience pratique accumulée par ses prédécesseurs et développe sa propre expérience. Dans l'avenir, elle sera transmise à la génération suivante, ce qui permet d'améliorer sans discontinuer l'efficacité du travail de notre Institution. (...)

SVR

Le SVR (*Служба внешней разведки Российской Федерации* = Service des renseignements extérieurs de la Fédération de Russie) est, depuis 1991, le successeur de la 1ère Direction générale du KGB et pratique l'espionnage « à partir du territoire », c'est-à-dire l'approche des étrangers sur le territoire russe (personnels des Ambassades, délégations, voire touristes) dans le but de leur soutirer des informations.

S'il existe un service qui a su s'inscrire dans la continuité de son prédécesseur c'est le SVR (Service des Renseignements extérieurs de la Fédération de Russie). Successeur de la première direction du KGB (PGU)le SVR y a récupéré archives, informateurs et structures. Cela fut notamment possible du fait que le PGU a été tenu relativement à l'écart du putsch de 1991. A la dissolution de l'URSS le SVR devient donc un organe indépendant et autonome.

Le SVR a été pensé comme un organe étatique dépendant directement du Président de la Fédération de Russie (et non du premier ministre). La loi entérinant sa création énonce que le SVR a pour but de recueillir et de traiter les informations venant de l'étranger et affectant les intérêts vitaux de la Fédération de Russie.

la différence des services occidentaux la distinction entre le FSB et le SVR n'est pas géographique mais plutôt fonctionnelle. Le SVR peut aussi agir sur le territoire de la Fédération de Russie mais à la différence du FSB, le SVR est un service subversif d'espionnage. En clair alors que le FSB est souvent cantonné à un rôle purement défensif le SVR joue le rôle d'attaquant pour le compte de la Fédération de Russie. Ses prérogatives lui permettent d'infiltrer les pays étrangers pour acquérir des informations précieuses . Dans ce but il peut approcher des étrangers sur le territoire même de la Russie (ambassades, consulats...).

Le SVR est implanté à l'étranger de deux façons, légale et illégale. Dans le premier cas il s'agit prioritairement des ambassades ou consulats de la Fédération de Russie car selon le vieille adage de l'URSS « *un diplomate est avant tout un espion"*

Il faut noter que depuis 1991 le SVR possède des représentations ouvertes à l'étranger notamment aux États-Unis pour permettre une meilleure coordination en matière de lutte contre le terrorisme. Par exemple, si le SVR et la CIA ont coopéré de manière sporadique mais de manière approfondie[1]. Ces représentations permettent aux services d'avoir accès aux fichiers internationaux d'Interpol. Ces fichiers peuvent donc être facilement utilisés par les services à d'autres fins que la lutte contre le terrorisme (lutte contre les dissidents politiques par exemple).

A la différence du FSB le SVR cherche à disposer d'agents adaptables et ayant une formation universitaire assez poussée. A cet effet il fut décidé la création d'une Académie du Renseignement ayant pour but de former les futurs agents. Le SVR recrute principalement des jeunes hommes entre 22 et 35 ans ayant un diplôme universitaire, parlant plusieurs langues étrangères et en bonne santé. Une fois recrutés ceux ci devront abandonner toutes leurs opinions politiques et religieuses qui n'ont pas la place dans les services. Une fois à l'académie la formation s'appuie sur de nombreux domaines tels la philosophie, la sociologie mais aussi le maniement d'armes[2].

De nombreux étudiants ont tendance à préférer cette voie à un travail dans une multinationale pour plusieurs raisons. La formation est d'un très bon niveau, le travail est gratifiant et très souvent situé à l'étranger. Il permet en outre d'avoir accès à des niveaux de la société auxquels même les plus riches n'ont pas accès. Enfin il donne très souvent l'immunité diplomatique.

GRU

GRU, service de renseignement militaire, dont les officiers ont la réputation d'être moins politisés mais plus directs, comprendre plus brutaux. Une études des services de renseignements de la Fédération de Russie ne saurait être complète sans évoquer les organes gravitant autour des deux services majeurs précités. Si certes ces organes ne sont pas de l'ampleur du FSB ou du SVR leur spécificité et leur technicité méritent que l'on s'y attarde un peu plus longuement. D'un côté, le renseignement militaire (GRU) déjà présent sous l'URSS semble a priori préservé des réformes tout en restant indépendant . De l'autre, la FAPSI et le FPS auront, quand à eux, connus une existence très courte.

Contrairement au FSB, le GRU est un organe ancien qui a su survivre à la chute du communisme. Dès 1918 Trotsky propose la création d'un organe, dans le giron l'Armée Rouge, ayant pour but de concurrencer la Tchéka dont les agissements avaient un effet dévastateur sur le moral des soldats. Selon lui ce renseignement militaire devait dépendre d'un organe distinct, échappant ainsi à la toute puissance et au contrôle des services de contre-espionnage . Cette vision d'un organe distinct a perduré tout au long du Xxeme siècle. Connu à l'époque sous le nom de « *Registrupravelenie* » cet organe deviendra en 1948 le GRU: La Direction principale du Renseignement.

Le GRU est donc en charge du renseignement militaire. Nous pouvons le comparer à la Direction du renseignement militaire en France. Il dispose d'environ 12 000 collaborateurs en 1996 ce qui est relativement faible comparé aux effectifs du FSB. Sa non dissolution en 1991 s'explique principalement par le fait qu'il a toujours su rester à l'écart des luttes politiques, tout comme l'Armée rouge. L'URSS fonctionnait grâce 3 piliers de pouvoir : l'Armée, le Parti, le KGB.

Le GRU dispose de nombreux officiers traitants et d'attachés militaires placés dans les ambassades de la Fédération de Russie. Ceux ci ont pour mission de détecter en amont les menaces visant la Fédération. Les officiers se spécialisent dans l'étude des ordres de batailles des armées adverses et de leurs manœuvres.

En effet chaque mouvement d'armée peut masquer une opération plus importante. C'est un travail laborieux qui aboutit à accumulation de dossiers mais cela permet de déceler des éléments que les autres services ne verraient pas et de recruter des sources efficaces. Ce fut le cas pendant le conflit en Géorgie où le Général commandant le GRU, Valentin Korabelnikov aurait demandé à ses officiers tous les renseignements utiles permettant de déceler les intentions géorgiennes.

Mais le GRU dispose aussi d'éléments d'interventions : Les spestnaz (forces spéciales). Souvent considérées comme les troupes les plus expérimentées, ces forces spéciales du GRU ont notamment pris part aux combats en Afghanistan mais aussi en Tchétchénie. Le GRU par l'intermédiaire de ses forces spéciales s'est fait connaître pour ses nombreux assassinats d'activistes tchétchènes. Plus récemment les spestnaz du GRU se sont réorientés dans la lutte anti-terroriste. Cependant, il est à noter que depuis la montée en puissance du FSB d'autres spestnaz sont apparus ne dépendant plus du GRU mais du FSB dans le but de concurrencer le renseignement militaire.

Operations en Europe

Estonie

Le 10 février 2018, un échange d'«espions» a eu lieu au point de passage de Koidula, entre la Russie et l'Estonie. D'un côté, le citoyen russe Artem Zinchenko, condamné en Estonie le 8 mai 2017 à cinq années d'emprisonnement pour espionnage; de l'autre, l'homme d'affaires estonien Raivo Susi, condamné le 11 décembre 2017 selon l'article 276 du code pénal russe à douze années de prison de haute sécurité pour les mêmes raisons. Bien sûr, les deux prévenus ont nié farouchement les accusation portées à leur encontre.

Artem Zinchenko a été arrêté à Tallin le 9 janvier 2016 par le service de sécurité intérieur estonien (KAPO, *Kaitsepolitseiamet*). Les éléments communiqués par les autorités estoniennes laissent à penser qu'il aurait été recruté par le GRU, le service de renseignement militaire russe, lors de son service national effectué en Russie de 2007 à 2009.

Ses attaches estoniennes remontent à l'affectation de son grand-père, Albert, dans l'Armée rouge, en Estonie, en 1966. Il s'y serait installé bien qu'ayant ensuite servi au Vietnam et en Allemagne de l'Est. Son petit-fils lui aurait rendu de nombreuses visites durant sa jeunesse. Á l'issue de son service, il avait bénéficié d'un permis de séjour en Estonie où il aurait monté en 2013 une affaire de vente de matériels pour enfants, dénommée *Dana Investment OÜ*, à destination de la Russie, en particulier de Saint-Pétersbourg où son statut de résident lui permettait de se rendre fréquemment.

Il aurait reçu pour mission de ses officiers traitants (OT) de collecter des informations militaires en profitant de toutes les occasions offertes, en particulier les visites d'installations ouvertes au public.

Les pièces à conviction présentées contre lui sont deux ordinateurs, quatre téléphones portables et un disque dur externe. Zinchenko n'aurait pas été rémunéré pour ses activités clandestines, mais les affaires de sa société étaient florissantes, les commandes venant de Saint-Pétersbourg étant particulièrement nombreuses. Il aurait mené des missions de renseignement dans les deux autres pays baltes.

Uno Puusepp

La télévision privée russe NTV a dévoilé un pan de la guerre que mènent les services de renseignement russes en Europe. Intitulé « Notre homme à Tallinn», ce document retrace la carrière d'Uno Puusepp, agent de renseignement du Service fédéral de sécurité (FSB) de 1996 à 2011.

Fils d'un ancien officier de l'Armée rouge, il raconte son passé d'espion à la solde du service de renseignement intérieur russe, le FSB. Dans les années 1970, il intègre le SSR-KGB estonien alors que les pays Baltes sont encore membre de l'URSS. Il est spécialisé dans le domaine des écoutes et des interceptions électromagnétiques.

A l'époque, l'hôtel Viru de Tallinn, qui est un des établissements les plus huppé d'URSS où de nombreux hommes d'affaires occidentaux ont l'habitude de descendre, est particulièrement surveillé. Cet immeuble de vingt-trois étages, le premier gratte-ciel deTallinn, a soixante chambres entièrement sonorisées par les services secrets soviétiques.

En août 1991, alors que les pays Baltes accèdent à l'indépendance, le SSR-KGB disparaît littéralement en une nuit en emportant avec lui les archives les plus sensibles avant que les nouvelles autorités n'aient pu s'en emparer. Or, ces dernières ne peuvent se passer de services secrets, mais cela ne s'improvise pas. Si ne nombreux jeunes diplômés sont recrutés, il faut aussi que quelques anciens apportent leurs savoir-faire, particulièrement dans le domaine technique.

Uno Puusepp rejoint le *Kaitsepolitseiamet* (KaPo) pour poursuivre ce qu'il sait faire: les écoutes. Les enquêtes de sécurité, qui n'ont pas manqué à l'époque, n'ont pu rien trouver puisqu'en réalité, les services russes ont décidé de mettre Puusepp en sommeil. Rien n'apparaît alors sur les écrans radar. Et pourtant, alors qu'il travaillait pour le SSR-KGB, il avait eu l'occasion de rencontrer un officier-traitant (OT) clandestin du KGB, Nikolaï Ermakov. Comme couverture, ce dernier exerçait la profession de boulanger. En fait, c'était le chef de poste clandestin du KGB à Tallinn.

Ce n'est qu'en 1996 que le contact est de nouveau établi à la demande de Puusepp, selon ses déclarations. Ermakov est toujours installé en Estonie mais effectue de nombreux séjours en Russie. La motivation de Puusepp serait purement idéologique. Il ne supporte pas la nouvelle administration estonienne en raison de la tournure totalement pro-occidentale qu'elle a adopté. En effet, l'Estonie a intégré l'OTAN et l'Union européenne en 2004.

D'ailleurs, Vladimir Weïtman, un des collègues dePuusepp, est arrêté pour espionnage et condamné à 15 ans de prison. Pour ce dernier,Weïtman n'a jamais rien transmis aux Russes mais cette allégation est à prendre avecprécaution. Soit il tente de le disculper pour le faire libérer, soit il n'est pas au courant de lacollaboration de ce dernier avec le FSB, le cloisonnement étant une des règles principaleen matière d'espionnage. Puusepp démissionne de son poste en 2011 et rejoint la Russie.

Plus personne n'entend parler de lui jusqu'à cette émission de télévision de décembre2014. Il est désormais accusé de trahison en Estonie mais devrait recevoir une hautedistinction en Russie pour « services rendus ».

Bien qu'il ait soutenu n'avoir pas nui aux intérêts de son pays, il semble qu'Uno Puusepp aitlivré des renseignements de première importance aux Russes. De l'aveu de son officiertraitant,« *dans les années au cours desquelles Uno a travaillé pour nous, les activités derenseignement estoniennes contre la Russie ont été réduites de 80%* ». La moisson a été encore plus importante après que l'Estonie ait rejoint l'OTAN. Pendant près de 15 ans,pratiquement tout ce qui atterrissait sur le bureau du directeur du Service de sécuritéintérieur estonien arrivait en même temps sur les bureaux du FSB !

Ce qui est inquiétant, c'est que, non seulement il avait accès à des informations classifiéesprovenant de son propre service, mais également de ses homologues américains,canadiens, britanniques, allemands, suédois, finlandais et des autres pays Baltes.

Concrètement, Puusepp a fait échouer une opération de la NSA qui visait à se brancher surune fibre optique qui était reliée à la représentation diplomatique russe en Estonie. Desmessages cryptés Moscou-Tallinn transitaient par cette fibre. Avertis, les Russes ont laisséles Américains installer un matériel très coûteux dans la ville d'Aegviidu puis, ils n'ont plusutilisé ce moyen de transmission.

Puusepp aurait aussi permis de savoir quels diplomates russes étaient placés soussurveillance et, pire encore, l'identité de certains agents russes travaillant pour lesOccidentaux. Ce fut le cas de Valeri Oïamaiè, un ancien officier du FSB qui a offert sesservices au KaPo et a travaillé pendant un an pour les Britanniques avant d'être arrêté etcondamné à sept ans de prison en 2001. Puusepp a aussi permis l'arrestation en 2003 dulieutenant-colonel Igor Vyalkov qui appartenait au corps des garde-frontières travaillantpour le KaPo (condamné à 10 ans de prison). Il a avoué avoir participé à la mise sur écoutes de centaines de citoyens estoniens, particulièrement russophones, sur ordre desAméricains…

Le fait d'avoir volontairement dévoilé l'existence de la taupe au sein des services intérieursestoniens n'est certainement pas un hasard. Cette manière totalement inhabituelle aobligatoirement un but pour les Russes. Il semble que l'objectif consiste à déconsidérer lesservices des pays Baltes en démontrant qu'il n'est pas « sûr » de collaborer avec eux. Lesgrands services occidentaux vont maintenant hésiter avant de leur adresser desinformations confidentielles dans le cadre des échanges entre services (nommés *Totem*).

Une autre question se pose : la diffusion de cette émission est-elle liée à l'enlèvement parles Russes de l'officier du KaPo Eston Kohver survenu alors qu'il était en mission à lafrontière entre les deux pays le 5 septembre dernier ? Il se voit accusé d'espionnage et destractations auraient lieu pour obtenir sa libération (en échange de quoi ?).

Allemagne

L'affaire débute en 1984 à Wildalpen, en Autriche, quand un certain Andreas Anschlag, né théoriquement le 6 décembre 1959 à Valentin Alsina en Argentine, s'inscrit pour obtenir des papiers d'identité dans cette petite localité de 500 âmes. Il en est de même pour Heidrun Freud, qui aurait vu le jour le 14 décembre 1965 à Lima, au Pérou. Les démarches semblent avoir été entreprises par des intermédiaires non identifiés.

Après avoir obtenu leurs passeports autrichiens – alors qu'ils n'ont jamais posé le pied dans ce pays – à l'aide de faux certificats et en graissant la patte de deux fonctionnaires indélicats ou étourdis, les tourtereaux s'installent en juin 1988 à Aix-la-Chapelle (Aachen) en République fédérale d'Allemagne (RFA). Ils ont connu auparavant un court séjour « tampon » au Mexique.

En effet, toutes les démarches administratives nécessaires à l'établissement du permis de séjour en Allemagne ont été lancées depuis la région du Rio Papaloapan, au Mexique. C'est le dernier lieu de résidence déclaré du couple, ce qui permet à Andreas de prétendre qu'il a vécu en Argentine, puis au Mexique – excellente légende car invérifiable.

On est alors en pleine Guerre froide et la RFA est l'un des objectifs prioritaires du renseignement soviétique. Andreas est rejoint peu après par Heidrun. Il se lance dans des études en génie mécanique au sein de la l'Université technique de Rhénanie-Westphalie dont il sortira diplômé le 10 mars 1988.

Le couple se marie officiellement le 6 septembre 1990, ce qui permet à Heidrun d'obtenirun passeport autrichien tout neuf. En fait, on apprendra plus tard que le couple s'était déjà marié en Russie. Une fille prénommée Anna naîtra de leur union en 1991.

En fait, Andreas et Heidrun Anschlag, dont les identités sont fictives (ils sont de nationalitérusse et se prénommeraient en fait Sasha et Olga) sont des officiers-traitants (OT) duPremier directorat principal du KGB, puis de son successeur, le «Directorat S» du SVR, chargé des activités clandestines à l'étranger.

Ils auraient effectué plusieurs voyages en Russie, en particulier à Saint-Pétersbourg et à Moscou. C'est là qu'ils auraient reçu une formation aux nouveaux moyens de télécommunications. En effet, afin d'établir une connexion sécurisée et permanente avec Moscou, ils ont reçu un émetteur satellitaire camouflé dans un ordinateur. Pour émettre, ils utilisaient un système d'encodage nommé « Sepal » et pour recevoir les messages radio (sur un poste ondes courtes), son équivalent de décodage « Parabole ». Petit détail technique : ils ne pouvaient émettre que lorsque l'un des satellites russes de télécommunications survolait l'Allemagne fédérale.

Dans les messages échangés avec leur centrale, ils étaient respectivement appelés «Pit» et «Tina». Ils utilisaient aussi la bonne vieille méthode de la Boite auxlettres morte (BLM) et, de manière plus moderne, les commentaires postés sur *You Tube*.

Pour assurer leur mission et leur vie de tous les jours, le couple recevait environ 100 000 euros/an (4 300euros/mois pour le mari et 4 000 euros/mois pour l'épouse). Par contre, aucun détail n'afiltré concernant la manière dont ils encaissaient ces fonds.

En 2010, les deux OT sont promus au sein du SVR, Andrea devenant « directeur de département » et Heidrun « directrice adjointe ». Bien que symboliques, ces promotions démontrent la satisfaction des autorités à leur égard.

Toutefois, les services russes se rendent compte que la couverture du couple est en train de craquer, surtout depuis que le réseau de dormants aux Etats-Unis a été dévoilé en 2010 (dont la fameuse Anna Chapman qui continue à faire la une des tabloïds internationaux).

Ordre leur est donné de se préparer à quitter le pays. Ils devaient en particulier détruire et faire disparaître leur système de télécommunications. Le SVR a le nez fin : en effet, le couple est sous surveillance depuis août 2011 car une information les concernant a été envoyé au contre-espionnage allemand par un « service ami ».

Ses communications sont interceptées et les codes cassés. Ses comptes bancaires sont placés sous surveillance et ses téléphones mis sous écoutes. Le 21 août, une réunion d'urgence a lieu à Belgrade en Serbie, sous la présidence, de «Leonid», – vraisemblablement un haut responsable du SVR.

A noter que le rôle de Belgrade comme *hub* de l'espionnage russe en Europe est alors mis en exergue. L'exfiltration des OT est évoquée. La question qui se pose est : vont ils être redéployés dans un pays tiers ou rapatriés à Moscou, où ils rejoindraient en tant qu'instructeurs la célèbre Académie des renseignements extérieurs (AVR)? Le couple reçoit des téléphones d'urgence pour joindre, en cas d'alerte, soit Belgrade, soit le poste SVR de Bonn. Du 29 septembre au 2 octobre 2011, les Anschlag séjournent à Rome pour un « périple touristique».

En fait, ils préparent leur exfiltration en douceur. De retour en Allemagne, le couple résilie le bail de location de son logement au 31 octobre et Andreas prévient son employeur de sa démission. Il prétexte des problèmes familiaux et un prochain départ pour la Bulgarie ou la Roumanie.

Les services allemands qui sont aux aguets anticipent la fuite. Ils interviennent dans la nuit du 16 octobre 2011, arrêtant Andreas dans l'appartement situé près de son travail. Ils y récupèrent les clefs du logement familial de Michelbach. Avec ces clefs, le GSG 9 pénètre discrètement à 06 h 00 du matin dans la maison et surprend Heidrun en train d'émettre vers Moscou. Elle en tombe de sa chaise tout en parvenant à arracher la connectique, ce qui efface le contenu des messages qu'elle est en train d'envoyer. Immédiatement interrogée et étant sous le choc, elle affirme n'avoir eu qu'un rôle technique.

Ce n'est pas faux puisque c'était elle qui était chargée des liaisons avec Moscou. 35 000 euros et 33 000 francs suisses sont retrouvés dans des placards, argent liquide sans doute destinée à faciliter la fuite de la famille.

Durant les interrogatoires qui suivent, les Anschlag ont d'abord nié en bloc toutes les accusations (Heidrun s'est reprise) avant, entant que bons professionnels, deplonger dans le mutisme total, laissant leurs avocats les représenter. Parmi eux figure Horst-Dieter Pötschke dont le surnom est : « l'avocat des espions». Il s'est fait connaître durant la Guerre froide pour avoir défendu de nombreux espions de l'Est, dont Günter Guillaume.

Les Russes ont implicitement reconnu le caractère d' «espionnage» de l'affaire, le résident (chef de poste) du SVR en Allemagne rendant visite à plusieurs reprises aux prévenus incarcérés. De plus, l'amende de 500 000 euros infligée aux espions russes – en plus de la peine de prison – aurait été réglée par Moscou.

Pour la petite histoire, la fille du couple ne semblait pas être au courant, ni de la nationalité réelle de ses parents, ni de leur mission clandestine. Il est possible qu'elle soit une des principales victimes de l'affaire.

Etats - Unis

Ania Kouchtchenko, plus connue sous le nom d'Anna Chapman, jeune et jolie femme russe de 28 ans convaincue d'espionnage par le gouvernement américain et expulsée manu-militari des Etats-Unis en juillet, a rebondi de la couverture de «Maxim» au Kremlin. La Mata-Hari version 2.0 – qui avait enflammé les réseaux sociaux par des clichés compromettants, notamment sur Facebook, était déjà dans les petits papiers de Moscou en octobre dernier, quand elle avait assisté au décollage d'une capsule russe Soyouz vers la Station spatiale internationale (ISS), histoire de bien montrer au monde entier qu'elle avait le soutien des puissants pour ses opérations d'espionnage.

Arrêtée à New York, alors qu'elle dirigeait une agence immobilière fictive, échangée en compagnie de neuf de ses compatriotes contre quatre «espions» américaines, l'ancien épouse d'un avocat britannique – ses différentes missions l'ayant emmenée aux quatre coins du monde -, aura un rôle de conseillère au sein de la Jeune garde, dont elle a intégré la direction.

«Commençons par changer le pays en changeant nous-mêmes», a-t-elle déclaré à la tribune de l'organisation de jeunesse de Russie Unie, le parti de Vladimir Poutine, dans une magnifique robe-fourreau rouge et noire qui mettait en valeur ses courbes de Mata-Hari du troisième millénaire. Elle devrait d'ailleurs se lancer en politique au côté de Vladimir Poutine.

Le 18 octobre dernier, Anna Chapman et les autres espions qui évoluaient sur le sol américain, ont été décoré au Kremlin des plus hautes distinctions de l'Etat des mains du président Dmitri Medvedev, avait annoncé la porte-parole du président Natalia Timakova. Et si le célèbre KGB a changé de nom pour prendre celui de SVR, il reste toujours aussi influent dans la vie politique nationale et internationale de la Russie.

Dmitri Medvedev a lu même salué l'efficacité des services d'espionnage. «Cette année (...) a été difficile pour le Service des renseignements extérieurs. Néanmoins, je pense que ce service reste capable de remplir ses missions avec célérité et, ce qui est le plus important, de façon efficace», a-t-il déclaré lors d'une cérémonie pour le 90e anniversaire de la fondation du «département étranger» de la Tchéka, ancêtre du KGB, dont le SVR se revendique.

Surnommée la «Mata Hari des temps modernes», elle aurait habité à Londres de 2001 à 2006, période durant laquelle elle serait retournée en Russie pour suivre une formation accélérée au dangereux cursus: art de la dissimulation, maîtrise des langues, mais aussi de diverses substances chimiques et bactériologiques sans oublier la science des explosifs ainsi que l'art de provoquer des suicides passant pour des morts naturelles. Anna Chapman est l'incarnation même d'une «femme fatale», et les médias se prennent de passion pour cette espionne aux yeux vert lagon.

Quand elle est arrivée sur le sol américain en 2010, Chapman a emménagé dans un appartement au 52e étage, situé à un pâté de maison au sud de la bourse de New York. Elle prétendait diriger une société d'immobilier en ligne pesant deux millions de dollars. Pourtant, ses activités américaines se résumaient principalement à rencontrer des hommes, à poster des photos touristiques sur son compte Facebook et à composer les rapports inutiles qu'elle fournissait toutes les semaines aux officiels russes, assise dans des librairies et des cafés comme tout new-yorkais qui cherche à tuer le temps.

Staniford était le PDG d'une société du nom de PropertyShark quand Chapman est entrée dans son bureau, en janvier 2010. À New York, elle était à la tête d'un site internet de listing d'agents immobiliers, PropertyFinder. Elle et lui n'ont finalement jamais fait affaires ensemble, mais ils se sont engagés dans une relation plus intime. Il l'a emmenée à Las Vegas. Ils ont passé du temps dans son appartement de l'Upper East Side et chez elle, dans le centre-ville, où elle avait accroché aux murs des portraits d'Audrey Hepburn, de Marilyn Monroe et de Franck Sinatra. Ils allaient en boîte et au restaurant, vivant leur histoire au grand jour, sans se soucier de rien.

Le FBI prétend avoir commencé à surveiller Chapman dès l'instant où elle est arrivée aux États-Unis, et en particulier les contacts hebdomadaires qu'elle établissait avec le second secrétaire de la délégation russe aux Nations-Unies. D'après les documents du FBI, Chapman se rendait dans divers endroits de Manhattan – Starbucks, Barnes & Noble – d'où elle connectait son ordinateur portable en Wi-Fi à celui du représentant aux Nations-Unies, qui se trouvait dans un van garé à proximité.

Le 26 juin 2010, un agent infiltré du FBI se faisant passer pour un Russe a contacté Chapman par téléphone et lui a donné rendez-vous dans un café du centre-ville. L'agent, qui se faisait appeler Roman, a enregistré leur conversation. Il a remis à Chapman un faux passeport américain et lui a demandé de le livrer à un autre membre des Illégaux.

Au moment de remettre le passeport, elle devait dire: «Pardonnez-moi, mais ne nous sommes-nous pas déjà rencontrés, l'été dernier, en Californie?» La réponse attendue était: «Non, je pense que c'était dans les Hamptons.»
«Êtes-vous prête à passer cette épreuve?» a demandé Roman à Chapman.
«Évidemment!», a-t-elle répondu avec le même détachement qui lui avait fait accepter le passeport et peut-être même sa mission aux États-Unis.

Les faux documents en main, Chapman a quitté le café et s'est rendue à Brooklyn, où elle a acheté un téléphone au nom d'Irine Kutsov. Elle a jeté le contrat dans une poubelle sans la moindre précaution, où il a été récupéré par le FBI. Chapman a alors appelé son père, qui était en poste au ministère russe des Affaires Étrangères et qui, visiblement, lui a expliqué comment gérer la curieuse situation dans laquelle elle se retrouvait.

Le jour suivant, Chapman s'est rendue dans un commissariat de Manhattan et a remis le passeport à la police. Les agents du FBI n'ont pas tardé à arriver et les arrestations des Illégaux ont commencé. En quelques jours, trois représentants différents du gouvernement russe ont rendu visite à Chapman au centre de détention Metropolitan et lui ont ordonné d'accepter la proposition que la justice américaine lui avait faite.

Quand Bill Staniford a lu le détail des arrestations effectuées par le FBI, il a paniqué. Il ne s'inquiétait pas uniquement de sa relation avec Chapman. Un autre membre des Illégaux, Lydia Guryeva, alias Cynthia Murphy, était sa comptable depuis 2000, l'année où il avait quitté les Marines. Au moment de son arrestation, Guryeva entretenait une relation avec Alan Patricof, qui a co-dirigé la campagne présidentielle d'Hillary Clinton en 2008. Guryeva vivait à Montclair dans le New Jersey, avec son mari Vladimir Guryeva (alias Richard Murphy), un Illégal lui aussi. Interrogé sur leur vie, un voisin a lancé cette phrase: «Ils ne pouvaient pas être des espions, elle arrangeait si bien ses hortensias.»

Dans les Marines, Staniford était linguiste cryptographe, spécialisé dans la Colombie, le Pérou, le Guatemala et Cuba. Son cousin, Gifford Miller, dont il se dit proche, était le porte-parole du Conseil de la ville de New York et l'un des candidats à la mairie lors des élections de 2010.

Quand le FBI l'a fait venir pour l'interroger, les agents qui ont mené l'interrogatoire ne connaissaient pas le niveau de sécurité auquel il avait accès, et il n'avait pas prévu de le leur communiquer. Au cours de leur conversation, Staniford a fait de vagues allusions et insinuations. «Anna n'aurait rien pu obtenir de moi car je n'avais rien qui aurait pu l'intéresser», a-t-il déclaré.

Il semblerait que malgré leurs efforts, malgré les nombreuses années que beaucoup d'entre eux ont passées aux États-Unis, les espions n'ont jamais rapporté quoi que ce soit d'utile à Moscou. L'opération est considérée comme un vaste gâchis de moyens, une relique des manigances de la Guerre froide.

Cependant, un rapport de contre-espionnage de la NSA obtenu et publié par Bill Gertz dans le Washington Times semble indiquer le contraire. L'enquête concerne l'assertion selon laquelle les services secrets russes (le SVR) auraient utilisé le réseau des Illégaux pour apporter un soutien à une ou plusieurs autres taupes russes censées infiltrer Fort Meade dans le Maryland, le quartier général de la NSA.

Le bailleur de fonds des Illégaux, Christopher Metsos (un faux nom, puisque l'agent du SVR avait volé l'identité d'un Canadien décédé), s'est échappé des filets du FBI le 27 juin 2010. Deux jours plus tard, la police l'a arrêté à Chypre avec un mandat d'Interpol, alors qu'il embarquait sur un vol à destination de Budapest. Une cour de justice chypriote a très rapidement prononcé une libération sous caution, provoquant la colère des Américains qui suspectaient une intervention russe. Peu après avoir payé sa caution à la justice, Metsos a disparu de sa chambre d'hôtel à Chypre, laissant derrière lui des tongs et un arrière goût de Guerre froide.

Après l'arrestation de Chapman, à peine six mois après le début de sa mission, sa vie fastueuse à New York a pris fin ; cela n'aura été qu'une imposture, une couverture tout juste assez convaincante pour faire illusion. Le tribunal de district a alors vérifié ses finances, l'a jugée incapable de se payer un avocat et lui en a fourni un commis d'office. C'est à ce moment-là que les choses ont mal tourné et sont devenues carrément étranges. Chapman se lamentait dans sa tenue orange au centre de détention Brooklyn's Metropolitan quand l'idée de la célébrité, comme elle me l'a raconté, « lui est passée par la tête ».

Elle est échangée deux semaines plus tard avec 9 autres personnes contre 4 Russes accusés d'espionnage pour le compte des États-Unis et du Royaume-Uni. Son arrestation et celle de neuf autres agents russes a permis de découvrir le plus vaste réseau d'espionnage sur le sol américain depuis la guerre froide. Les Illégaux, comme ils étaient appelés au sein du Département de la Justice, ont infiltré la société américaine en adoptant des noms anglicisés et en se faisant passer pour de parfaits cols blancs.

Même longtemps après les faits, il reste difficile de comprendre ce que les espions ont bien pu apprendre ou faire d'important aux Etats-Unis lorsqu'ils y séjournaient, sur les ordres de Vladimir Poutine. L'incident des Illégaux a eu si peu d'importance que Washington et le Kremlin ont procédé à un rapide échange de prisonniers sur un tronçon de tarmac de l'aéroport de Vienne, et se sont vite repliés dans leur neutralité respective pour ne plus jamais reparler de ce désagrément.

Une personne ayant fait affaires avec Chapman a raconté qu'elle avait plus tard passé du temps avec les autres Illégaux dans la villa de Poutine sur la Mer Noire, mais qu'elle est la seule à avoir été invitée à faire un tour dans son sous-marin personnel, sous la surface du lac Baïkal. Le grand chef en aurait pincé pour Chapman.

Star Russe

Mais dans les médias, cet épisode a pris de l'ampleur, principalement grâce au magnétisme d'Anna Chapman, 29 ans, que ce scandale a fait passer du statut de parfaite inconnue à celui de pseudo-célébrité. Sa chevelure d'un rouge profond et ses traits délicats ont enflammé le Web. Son ex-mari, un Anglais morose, s'était laissé convaincre d'épouser Anna Kushchenko, de son nom de jeune fille, afin qu'elle obtienne la nationalité britannique. Il a par la suite laissé filtrer sur Internet une sélection de photographies de leur intimité. Une piètre revanche, qui n'a fait qu'ajouter à la popularité de la jeune femme.

En effet, tandis qu'un des prisonniers russes contre lequel elle a été échangée lutte pour rester en vie, l'ex-espionne est quant à elle en train de profiter du soleil de Thaïlande si l'on en croit la succession de portraits en maillots postés sur son compte Instagram. Et la bonne fortune semble lui sourire, au propre comme au figuré, puisque celle qui avait été surnommée la *«James Bond girl des temps modernes»* ou encore *«femme fatale aux cheveux de flamme»* séjournerait visiblement au prestigieux Nai Harn Baan-Bua, un hôtel de l'île de Phuket où le prix des chambres démarre à 750 euros la nuit.

Car depuis sa libération et son retour au pays, Anna Chapman est loin d'avoir chômé. Devenue une personnalité médiatique fort demandée, elle a présenté diverses émissions et a également trouvé le temps d'ouvrir sa propre chaîne de boutiques de vêtements. Sans tourner le dos au Kremlin pour autant, loin de là. Anna Chapman a beau être officiellement rangée des affaires, elle n'a pas remisé sa loyauté, et est devenue une supportrice engagée du pouvoir russe, et tout particulièrement de Vladimir Poutine

Ainsi, ce dernier n'avait pas menti quand il avait promis aux 9 espions fraîchement libérés et en route vers la Russie qu'un «avenir radieux» les y attendait. Et Anna Chapman n'est pas avare de reconnaissance envers celui dont elle n'a de cesse d'applaudir le leadership. Alors que Vladimir Poutine donne une allocution pour annoncer que la Russie est désormais en possession d'armes nucléaires capables de traverser les boucliers anti-missiles, Anna applaudit la nouvelle : *«il ne sera plus possible désormais de défier la Russie sans en subir les conséquences»*.

Et met ses 108 000 followers en garde : *«selon moi, comparé à ce qui se passe aujourd'hui, la Guerre Froide du 20e siècle n'était rien de plus que des enfants qui jouaient dans un bac à sable»*. Anna Chapman a beau avoir officiellement rangé les armes, l'espionne aux cheveux de flamme n'en a pas perdu son ardeur pour autant.

Operations "Homo"

Prison, enlèvement, exécution: le sort réservé aux agents doubles et autres "traîtres" varie en fonction de la nature des régimes bafoués et de leur besoin de faire des "exemples". Dans les pays autoritaires ou totalitaires, c'est la manière forte: on essaie de rappeler les agents considérés comme des traîtres et on les exécute. C'est arrivé à des centaines d'agents soviétiques.

Parmi eux, Oleg Penkovsky. Ce colonel du renseignement militaire soviétique, qui a fourni de précieuses informations aux Occidentaux sur l'arsenal soviétique pendant la crise des missiles de Cuba, est arrêté en 1962, jugé puis exécuté. D'après la rumeur qui circule au sein du KGB, il aurait été brûlé vivant dans un four et on ne manque pas de le signaler aux jeunes recrues.

L'Américain Aldrich Ames. Agent de la CIA pendant plus de 30 ans, il a commencé à transmettre des informations à l'Union soviétique dans les années 80. Sa trahison aurait coûté la vie à une douzaine d'agents doubles travaillant pour les Américains. Il est condamné en 1994 à la prison à vie.

Membre du groupe d'agents doubles "Les cinq de Cambridge", le Britannique Anthony Blunt, démasqué dans les années 1960, avoue tout au MI5. Mais ce grand historien de l'art est conseiller de la reine. Sa carrière d'espion double reste un secret d'Etat.

Mordehaï Vanunu, l'ex-technicien atomiste, qui avait révélé des secrets sur le programme nucléaire de l'Etat hébreu, a été enlevé à Rome en 1986 par les services de renseignement israéliens, où il avait été attiré par une agente israélienne simulant une relation sentimentale. Transféré puis jugé en Israël, il est resté plus de 10 ans en isolement total. Depuis sa libération en 2004, il lui est interdit de s'entretenir avec des journalistes étrangers.

Alexandre Zaporojski, ex-colonel du SVR, après avoir travaillé pour les Américains pendant des années, il a finalement fait officiellement défection aux États-Unis en 1997. Il a alors été logiquement suivi par le FBI qui a en charge la sécurité nationale à l'intérieur du territoire du pays. Or, Zaporojski est arrêté en Russie en 2001 lorsqu'il débarque d'un vol régulier en provenance des États-Unis. Il est condamné en 2003 à dix-huit ans de prison pour haute trahison.

En fait, il semble qu'il ait été ramené manu militari en Russie lors d'une opération d'exfiltration rondement menée par ses anciens collègues du SVR. Ces derniers avaient de quoi lui en vouloir car, avant de faire défection, il aurait renseigné les Américains sur la présence de taupes aux États-Unis, dont les plus célèbres sont Aldrich Ames et Robert Hanssen. Zaporojski a été, à l'évidence, un agent de renseignement de tout premier plan pour les Américains.

Guennadi Vassilenko, ancien colonel du GRU a tout simplement contacté l'ambassade des États-Unis à Moscou pour proposer ses services. Ce cas qui peut paraître étonnant est aussi un poncif dans le monde du renseignement. Les personnes concernées font généralement cela pour de l'argent mais il est difficile pour les services hôtes de savoir s'ils n'ont pas affaire à une opération de désinformation lancée par leurs adversaires.

Vassilenko a été condamné à huit années d'incarcération en 2002. Il est possible qu'il ait réussi à faire passer des renseignements avant son arrestation pour prouver sa "bonne volonté" à l'égard de Washington. La faible peine dont il a écopé laisse penser que ces informations ne devaient pas être particulièrement vitales pour la Russie.

Igor Soutiaguine, spécialiste en armement nucléaire été arrêté en 1999. Jusqu'en juillet 2010 où il a signé des aveux, il avait toujours clamé son innocence. Une première fois jugé en 2000, aucune charge n'avait alors été retenue contre lui. Rejugé en 2003, il avait été finalement condamné en 2004 à quinze ans de camp de travail pour avoir communiqué des informations sensibles à une société de conseil britannique qui les aurait retransmises à la CIA sans doute via le MI 6 britannique.

Soutiaguine a toujours fait valoir que les informations transmises étaient connues et que les avis et commentaires personnels qui y étaient attachés entraient dans le cadre d'"échanges de connaissances" entre scientifiques. Ce modèle de défense a déjà été employé par le passé par des scientifiques qui avaient communiqué avec des représentants de puissances étrangères au nom du sacro-saint "progrès de l'Humanité". C'est de cette manière que le KGB a pu obtenir des renseignements sur le programme nucléaire américain permettant à Moscou d'accéder à la bombe nucléaire avec au moins deux ans d'avance sur ses prévisions.

Alexandre Litvinenko

Le 1er novembre 2006, au bar de l'hôtel Millenium à Londres, l'ancien lieutenant- colonel des services de renseignement soviétique passé à l'ouest, Alexandre Litvinenko rencontre deux hommes d'affaires russes, sans trop savoir si ce sont des suppôts de ce Vladimir Poutine qu'il vomit en public depuis huit ans. Il ne se méfie pas de ces ex-espions ayant soi-disant raccroché qui l'ont persuadé de venir à ce rendez-vous. C'est en réalité un véritable guet-apens. Dans le thé très british que lui offrent ces hôtes venus du froid, infuse du polonium 210, un redoutable poison radioactif.

Le soir même, Alexandre Litvinenko est pris de violentes douleurs au ventre, de vomissements intenses. On diagnostique une intoxication alimentaire. Mais son cœur s'affole et ses reins se bloquent. Au bout d'une semaine, lorsque tous ses cheveux tombent et que ses globules blancs chutent en flèche, les médecins croient reconnaître les symptômes du thallium, un composant de la mort-aux-rats. Mais le traitement reste sans effet. "Sacha" Litvinenko en est persuadé, Moscou l'a empoisonné.

Alors que ses cellules sanguines sont bombardées par des milliards de projectiles Alpha et que son visage tout boursouflé en porte les stigmates, Litvinenko enregistre sur son lit d'hôpital une vidéo poignante où il accuse Poutine d'avoir commandité son assassinat.

En 1999, Poutine limogeait Litvinenko et expliquait à un journaliste que *«les agents du FSB ne doivent pas étaler des scandales internes devant le grand public»*. Le lieutenant-colonel est alors arrêté pour avoir tabassé un suspect, puis acquitté, puis de nouveau arrêté en pleine salle d'audience; les enquêteurs confient ouvertement à sa femme qu'il paie sa trahison de l'agence.

C'est alors qu'il s'enfuit à Londres, où il obtient l'asile politique, et que Berezovsky, désormais en exil lui aussi, en fait son conseiller pour la sécurité; l'oligarque paie même la scolarité de son fils dans une école privée.

Avant de se convertir à la démocratie, ou simplement de se brouiller avec Poutine, Berezovsky et Khodorkovski avaient amassé leur richesse en bénéficiant de privatisations truquées et en rachetant les actifs d'entreprises en faillite. Autant de profits que les gestionnaires de patrimoine, les trafiquants d'influence et autres experts en communication de Londres étaient plus qu'heureux de légitimer. Tout comme ils ont été ravis de toucher, après la saisie des entreprises de ces oligarques en Russie, l'argent de ceux qui les avaient dépouillés.

La dépouille d'Alexander Litvinenko, empoisonné au polonium était si radioactive que son autopsie compte parmi «les plus dangereuses» jamais réalisées.

Le pathologiste Nathaniel Cary, qui a réalisé l'autopsie en compagnie de deux autres médecins légistes, a déclaré devant la commission d'enquête que sa dépouille était si dangereuse qu'elle a été laissée de côté pendant deux jours après sa mort dans un hôpital de Londres, le 23 novembre 2006. Cary a ajouté que l'autopsie, réalisée au début de décembre 2006 par des experts vêtus de combinaisons de protection, compte «*parmi les plus dangereuses jamais pratiquées en Occident*»

Les médecins ont indiqué qu'ils n'auraient sans doute jamais découvert la cause du décès d'Alexander Litvinenko si un médecin n'avait pas ordonné une analyse d'urine peu avant sa mort. Il a ainsi été possible de déterminer quelques heures avant sa mort que M. Litvinenko avait été empoisonné au polonium-210, une substance radioactive.

L'autopsie a confirmé que Litvinenko avait absorbé une grande quantité de cette substance radioactive soluble et très toxique à des doses infimes. Nathaniel Cary a indiqué ne connaître aucun autre cas d'empoisonnement au polonium où que ce soit dans le monde. Il estime d'ailleurs que la présence de l'isotope n'aurait jamais été décelée par les tests toxicologiques habituels.

Elle a ajouté qu'il était impossible de connaître la provenance de la substance, dont la production est extrêmement complexe et onéreuse, puisqu'elle nécessite un réacteur nucléaire. Selon cette spécialiste, la production de polonium est estimée à moins de 100 grammes par an à l'échelle mondiale, en grande majorité d'origine russe.

Les enquêteurs ont affirmé qu'Alexander Litvinenko avait assuré aux policiers que le président russe, Vladimir Poutine, avait personnellement ordonné qu'il soit tué. Le Royaume-Uni a lui aussi évoqué une participation de l'État russe.

Selon sa veuve, cet assassinat visait en partie à couvrir les liens du Kremlin avec la mafia, que Litvinenko aidait les services de renseignement espagnols à mettre au jour.

Le détective policier Craig Mascall a déclaré à la commission que l'enquête se poursuit et que les hommes qui ont rencontré M. Litvinenko pour prendre le thé, soit Dimitri Kovtun et Andreï Lugovoï, sont toujours recherchés pour meurtre. La Russie refuse de les extrader.

M. Lugovoï, un ancien agent du KGB aujourd'hui devenu parlementaire, estime que cette enquête vise à camoufler la responsabilité de l'agence britannique de renseignement MI6. La famille de M. Litvinenko affirme qu'il travaillait pour le MI6 au moment de son décès.

Anna Politkovskaia

Anna Politkovskaya est née à New York en 1958. Fille d'un diplomate soviétique, elle fait ses études à Moscou avant de débuter sa carrière journalistique dans *Izvestiya*. Anna Politkovskaya devient alors une des plus influente journaliste russe, mais elle est rapidement ciblée par le pouvoir de Poutine au tournant des années 2000. Son travail sur la guerre en Tchétchénie, aussi remarquable qu'embarrassant pour le Kremlin, fait d'elle une ennemie secrète du pouvoir russe.

Anna Politkovskaïa, reporter à *Novaïa Gazeta*, couvre la guerre en Tchétchénie depuis 1999, en dépit des dangers, des intimidations, des arrestations quelquefois musclées dont elle a été victime. En octobre 2002, sa renommée dépasse le cadre de son journal quand elle est sollicitée par les preneurs d'otages du Théâtre de la Doubrovka, à Moscou, pour servir de médiatrice. Elle tiendra ce rôle avec ténacité. Mais, au bout de trois jours, alors qu'elle pense que les négociations vont aboutir, les forces spéciales russes donnent l'assaut, provoquant la mort de quelque cent soixante-dix personnes.

En 2005, elle est la cible d'une attaque informatique sur son adresse mail. Pour l'agence américaine NSA, l'attaque informatique proviendrait du FSB et aurait servi à récolter des informations sensibles à son propos. L'attaque menée sur une adresse Yahoo est immédiatement comprise et interceptée par la NSA, qui n'a pas besoin de remonter la piste des pirates pour comprendre qu'il s'agit des Russes.

Enfin, c'est le 7 octobre 2006 qu'on retrouve Anna Politkovskaya, frappée par deux balles à la tête dans l'ascenseur de son appartement. L'enquête menée par les autorités russes ne permet pas de mettre en lumière le responsable de l'assassinat de Mme Politkovskaya. Comme pour les douze autres journalistes russes décédés depuis les années 2000 en Russie, Anna Politkovskaya était la cible d'un chasseur de primes. Les liens entre les

assassins des journalistes et les services de renseignements russes sont
encore troubles.

Denis Voronenkov

Denis Voronenkov sortait de l'hôtel Premier Palace avec son garde du corps
quant un inconnu a ouvert le feu. Celui-ci a d'ailleurs riposté et blessé
l'assaillant. Interrogé par la chaîne de télévision 112 Ukraïna, le patron de la
police, Andreï Grichtchenko indique privilégier pour l'instant la piste de
"l'assassinat commandité".

Opposant au régime de Vladimir Poutine, Denis Voronenkov avait de
nombreux ennemis en Russie. L'homme politique avait d'ailleurs dû fuir le
pays avec sa femme, Maria Maksakova, députée et chanteuse d'opéra, pour
s'installer à Kiev en octobre 2016. Deux mois plus tard, ils obtenaient la
nationalité ukrainienne, après avoir témoigné contre l'ancien président
ukrainien Viktor Ianoukovitch, chassé du pouvoir par le soulèvement pro-
européen du Maïdan en février 2014 et réfugié, lui, en Russie.

Mais Denis Voronenkov était également accusé d'escroquerie par le Comité
d'enquête russe, et de corruption par le Fonds de lutte contre la corruption
(FBK).

Le procureur général, Iouri Loutsenko, a annoncé que les enquêteurs
travaillaient sur deux hypothèses: l'une liée au procès pour trahison de
l'ancien président renversé, Viktor Ianoukovitch, l'autre liée à des affaires de
contre-bande contrôlées par le FSB, les services secrets russes.
M. Loutsenko a également révélé que Denis Voronenkov était sous la
protection du SBU, les services secrets ukrainiens.

Les premiers résultats de l'enquête établissent que l'ex-député est sorti de
l'hôtel *« avec son garde du corps »* et qu'*« un inconnu a ouvert le feu »*, selon
un communiqué de la police de Kiev. Le tireur, blessé dans la fusillade, est
mort à l'hôpital.

La personnalité de la victime rend l'affaire complexe, voire confuse. M.
Voronenkov et son épouse, Maria Maksakova, ont tous deux été députés de
la Douma russe jusqu'en septembre 2016 – lui pour le Parti communiste, elle
pour Russie unie, la formation au pouvoir. Ils avaient tous deux échoué à se
faire réélire, et avaient pris la fuite pour Kiev, en octobre 2016, avant de se
voir accorder la nationalité ukrainienne.

Dans un entretien accordé à la presse ukrainienne, Denis Voronenkov se livrait à une féroce critique du régime de Vladimir Poutine, le comparant à celui de l'Allemagne nazie. Il assurait égalementa avoir témoigné dans le dossier pour trahison d'Etat visant l'ex-président ukrainien Viktor Ianoukovitch, exilé en Russie depuis février 2014.

L'ancien député expliquait son départ par la crainte de représailles de la part de responsables corrompus du FSB, les services secrets russes, qu'il aurait contribué à essayer de faire chuter͟ en collaborant à des enquetes contre eux.

Depuis sa fuite, le parquet russe avait lancé un avis de recherche à son encontre, l'incriminant d'un accaparement de biens immobiliers remontant à 2011. Ses anciens collègues avaient unanimement dénoncé une *«traîtrise»* dans le choix de s'installer à Kiev.

Le très sérieux quotidien russe *Novaïa Gazeta*, dressait toutefois en février un portrait plus nuancé de M. Voronenkov, dépeignant un personnage pour le moins trouble: «Jusqu'à récemment, Denis Voronenkov avait la réputation d'un homme politique russe tout à fait typique: un modeste salaire qui ne l'empêchait pas d'avoir des actifs disproportionnés; des sociétés offshore dans les îles Vierges britanniques ; des dossiers judiciaires avec des protecteurs très haut placés. Bref, presque comme tout le monde. Ses interventions publiques ne laissaient pas de doute sur son entière loyauté vis-à-vis des autorités russes.»

Toujours dans *Novaïa Gazeta*, l'écrivaine russe Ioulia Latynina assimilait sans ambages ce meurtre à *«un second cas Litvinenko»*, en référence à l'ancien agent du FSB Alexandre Litvinenko, empoissoné à Londres par ses anciens collègues. L'ancien député d'opposition Ilia Ponomarev, exilé après avoir refusé de voter l'annexion de la Crimée et qui avait rendez-vous à Kiev avec M. Voronenkov, a lui aussi pointé la responsabilité des services russes, assurant que l'homme *«était dangereux pour beaucoup de fonctionnaires corrompus, dans la mesure où il conduisait de réelles enquêtes sur le sujet et qu'il disposait de nombreuses informations sur les réseaux de contrebande russes»*.

Le président ukrainien, Petro Porochenko, a estimé qu'il s'agissait-là d'un acte de *«terrorisme d'Etat»* commis par les Russes. *«Voronenkov avait été l'un des principaux témoins de l'agression russe contre l'Ukraine et, en particulier, du rôle de Ianoukovitch en ce qui concerne le déploiement de troupes russes en Ukraine»*, a-t-il ajouté.

Sergueï Skripal

Cet ancien agent double russe et sa fille ont été retrouvés inconscients sur le banc d'un centre commercial de Salisbury en Angleterre, le 4 Mars 2018. Après analyse, la police a affirmé qu'ils avaient été victimes d'une tentative d'assassinat à l'aide d'un agent innervant, une substance chimique qui agit sur le système nerveux, pouvant causer la mort.

Les recherches ont été encore élargies avec l'aide de 200 militaires. Cet empoisonnement est en passe de devenir une affaire d'Etat. Le Royaume-Uni accuse indirectement la Russie d'être à l'initiative de cette tentative d'assassinat. *"Nous avons les bonnes personnes avec les bonnes compétences pour aider dans cette enquête cruciale"*, assure le ministre de la Défense Gavin Williamson.

Les Britanniques ont déjà subi ce type d'affaire vis-à-vis des services russes notamment lorsque dans les années 2000, ils avaient hébergé des oligarques russes opposants au Kremlin. Donc en effet, à la lumière des cas précédents, on peut ne pas exclure une responsabilité de la Russie.

Il faut savoir que dans la culture criminelle russe, depuis Lenine et Staline, l'utilisation du poison contre des opposants politiques, des rebelles, des dissidents ou des transfuges est classique. C'est fréquent chez les Russes d'utiliser l'empoisonnement soit pour faire passer des messages ou pour faire pression.

Guerre Froide

Au lendemain de la décision des Etats-Unis et de l'UE d'expulser par dizaines des diplomates russes, en réaction à l'empoisonnement d'un ex-espion russe au Royaume-Uni, l'Organisation du traité de l'Atlantique nord (OTAN) a suivi le mouvement.

L'OTAN a décidé, de retirer leurs accréditations à sept membres de la mission russe et de rejeter trois demandes d'accréditation supplémentaires. L'Alliance atlantique a également réduit la taille de la mission russe. Elle ne pourra plus accueillir que 20 personnes, contre 30 auparavant.

«Cela adresse un message très clair à la Russie, à savoir qu'il y a des coûts », a déclaré Jens Stoltenberg, le secrétaire général de l'OTAN lors d'une conférence de presse. *« Notre décision reflète les graves préoccupations exprimées par les alliés pour leur sécurité»*, a expliqué le chef de l'OTAN, selon qui c'est la première fois qu'un agent neurotoxique est utilisé sur le territoire d'un pays membre de l'alliance.

Hormis l'OTAN, 144 diplomates russes devraient etre expulsés de 26 pays. Alors que l'Union européenne, les États-Unis et le Canada ont annoncé lundi 26 mars 2018 l'expulsion de nombreux diplomates russes, en solidarité avec le Royaume-Uni, après l'empoisonnement sur le sol britannique d'un ex espion russe, le ministre-conseiller de l'ambassade de Russie en France se dit scandalisé.

Artem Studennikov annonce sur France Info des mesures de rétorsion *"calibrées"* de la part des Russes: *"Des diplomates européens devront quitter Moscou"*. Les Russes vont répondre aux expulsions de diplomates décidées par 16 pays de l'Union européenne, les États-Unis et le Canada, a confirmé mardi matin Artem Studennikov. *"On va préparer des mesures de rétorsion. À chaque fois, ces mesures seront calibrées en fonction des mesures prises par tel ou tel pays"*, a dit le diplomate russe, en parlant de mesures *"symétriques"*. *"Certains diplomates européens se verront demander de quitter Moscou"*, a ajouté Artem Studennikov, précisant que *"la réponse n'allait pas tarder"*.

"Tout cela est très dommage, car ça aggrave davantage les relations déjà tendues entre l'occident et la Russie", a estimé Artem Studennikov, pour qui cette annonce concertée et inédite lundi soir *"scandalise"* les autorités russes. *"Pour la première fois, les diplomates russes sont pénalisés dans plusieurs pays d'Europe et outre-Atlantique pour des actes perpétrés dans un pays tiers, et sans aucune preuve irréfutable, sans aucune preuve solide, ce qui nous scandalise, évidemment. Mais nous étions prêts. Nous restons debout, avec sang-froid"*, a dit le diplomate russe.

Pour Artem Studennikov, cette réponse concertée montre *"la discipline du bloc et la solidarité euratlantique"*. Il s'agit, pour les occidentaux de *"montrer que les pays européens sont unis"*. *"Mais vous pouvez constater qu'il n'y a pas d'unité absolue. Tous les pays de l'Union européenne n'ont pas pris de mesures"*, a-t-il ajouté, en référence notamment à la Belgique ou à l'Autriche.

Mikhail Khodorkovski

Mikhail Khodorkovski vit aujourd'hui à Londres. Il annonçait qu'il renonçait à

employer ses gardes du corps. Une décision d'autant plus surprenante qu'elle intervient à peine après l'attaque contre Sergei Skripal, l'ex-espion russe à Salisbury. Mais l'ex-patron de Ioukos, qui fut l'homme le plus riche de Russie, et qui a payé le prix fort pour son opposition au président russe – dix ans d'incarcération en Sibérie pour fraude et détournement d'argent – est aujourd'hui résigné. Mes gardes du corps ne me servent plus à rien, si le président russe veut m'atteindre, aucune mesure de sécurité ne pourra me protéger, déclarait Mikhail Khodorkovski.
Pour lui, l'attaque de Salisbury est un rappel à l'ordre, le signe qu'on ne quitte pas les services secrets russes impunément. Le signe, aussi, qu'il y a probablement une liste noire de cibles, d'opposants à éliminer. Et que son nom figure aussi sur cette liste.

Pourtant l'ex-milliardaire, qui a aujourd'hui créé la fondation Open Russia pour faire avancer la démocratie en Russie, est mesuré dès lors qu'il s'agit de pointer les responsables de cette attaque. *"Le gouvernement russe n'a rien à voir avec ça. Il ne faut pas tout confondre,* explique Khodorkovski, *le gouvernement russe d'une part, et la bande de gangsters qui entoure de Poutine, d'autre part. Le gouvernement russe est composé de gens qui, pour la plupart, font correctement leur boulot. Au pire, ils encaissent un dessous de table, mais ça ne va pas plus loin, alors que le petit cercle corrompu autour de Poutine agit comme une bande mafieuse."*

Pour Khodorkovski, la responsabilité de cette clique ne fait aucun doute dans l'attaque de Salisbury. *"Et ce sont eux qu'il faut poursuivre avec tous les outils dont on dispose pour lutter contre la criminalité. Theresa May se trompe en accusant le gouvernement russe,. Cela ne sert à rien de sanctionner 146 millions de Russes, pour les agissements d'une poignée de salauds..."* répète le milliardaire.

www.ingramcontent.com/pod-product-compliance
Lightning Source LLC
Chambersburg PA
CBHW051839250726
48659CB00005B/1932